科学发现之旅

U0781174

神秘的黑客

陈积芳——主编　　陈皆重 等——著

上海科学技术文献出版社

Shanghai Scientific and Technological Literature Press

图书在版编目（CIP）数据

神秘的黑客/陈皆重等著．—上海：上海科学技术文献
出版社，2018
　　（科学发现之旅）
　　ISBN 978-7-5439-7698-6

　　Ⅰ.①神…　Ⅱ.①陈…　Ⅲ.①信息技术—普及读
物　Ⅳ.① G202-49

中国版本图书馆 CIP 数据核字 (2018) 第 161297 号

选题策划：张　树
责任编辑：李　莺
封面设计：樱　桃

神秘的黑客
SHENMI DE HEIKE
陈积芳　主编　陈皆重　等著
出版发行：上海科学技术文献出版社
地　　址：上海市长乐路 746 号
邮政编码：200040
经　　销：全国新华书店
印　　刷：常熟市华顺印刷有限公司
开　　本：650×900　1/16
印　　张：14.5
字　　数：139 000
版　　次：2018 年 8 月第 1 版　2018 年 8 月第 1 次印刷
书　　号：ISBN 978-7-5439-7698-6
定　　价：32.00 元
http://www.sstlp.com

目 录

感觉不到的切换——软交换技术

2004年奥运会开幕式上表演的古希腊神话还历历在目吧！在古希腊的神话里，最高的神是宙斯，他的妻子是赫拉。有一天她醒来之后，发现自己的身边躺着一个陌生的婴儿，原来他就是宙斯的儿子赫克勒斯。这个婴儿长大后，成为希腊神话中的大力神。他精通音乐、体育和医学知识。软交换技术犹如通信体系中的"赫克勒斯"。

软交换的概念最早起源于美国。当时在企业网络环境下，用户采用基于以太网的电话，通过一套基于计算机服务器的呼叫控制软件，实现交换机的功能。"软交换"这个术语是从英文 softswitch 翻译而得，借用了传统电信领域 PSTN（公用交换网）网中的"硬"交换机"switch"的概念，所不同的是强调其基于分组网上呼叫控制与媒体传输承载相分离的含义。

通信从最初的人工交换开始，经历了步进制交换、旋转制交换、纵横制交换四代交换技术的演变。这些交换技术都属于"硬交换"的技术——即通过机械的原理来实现交换技术。而20世纪80年代才产生的程控式交换机，由于其具有程序控制话路接续的特点，才勉强可以算作"软交换"的雏形。软交换又将交换"软"控制发展到一个登峰造极的境地，它彻底实现了硬件软件化、模块化，各个执行功能块就是执行相应程序的计算机。因此，才得以"软交换"的美名。

软交换是用软件来实现交换和呼叫控制管理的一门新的电信网络技术。软交换建立在VoIP基础之上，然后把更多的电信业务用IP的方式来实现。VoIP有两种形式，一种是已经有了"V"，即传统的语音服务，要把这种服务转移到"IP"网上；另一种是已经建起了"IP"网，要让它除了传数据外还能传语音。把视野放开来，不仅局限于语音业务，而是包括多种电信服务。上面所说的第一种就是所谓的由"交换"而"软"；第二种则是由"软"而"交换"。要把传统的业务都放在IP网上就要比IP电话复杂很多，软交换技术开始浮出了水面。软交换是把不同的通讯业务，包括话音、视频、数据，转换到IP网上，加以管理，在接入的信息上进行控制，实现传统电信能够实现和不能实现的业务。其重要特点是要求业务层和接入的介质层完全分开。1999年就提出了软交换的三层结构，现在已经被主要的软交换标准组织所认可。在这个结构中，最底层是传输硬件层，往上是多介质连接控制层，最上面则是服务、应用与功能层。

软交换集语音、数据、多媒体等综合业务于一体，真正意义上实现了语音、数据与视频在传输与业务上的融合统一，综合业务能力大大提高。分层的全开放的网络体系架构，网络设备基于公共计算平台，且交换、路由与业务功能的分离（在软交换网络中，路由由路由设备提供，业务功能由应用服务器提供，呼叫管理和控制交换功能由软交换机提供。），大幅度降低网络建设与升级更新成本。软交换机提供基本网络管理与控制功能，新的业务尤其是增值业务由第三方提供，并快速加载原有网络难以提供的新业务，业务完全开放。软交换可以支持众多的协议，以便对各种各样的接入设备进行控制，最大限度地保护用户投资并充分发挥现有通信网络的作用。软交换还采用了一种相关策略的实现方式来完成运行支持系统的功能，按照一定的策略对网络特性进行实时、智能、集中式的调整和干预，以保证整个系统的稳定性和可靠性。

软交换是下一代网络（NGN）的核心，NGN 商用试验网的建设正在完善中，首期 NGN 核心网具有几万门用户接入能力，完成几个关键地点的 AG 接入网关的建设以及小型接入点交换机的割接工作，可实现在网的等效用户数。

最引人关注的是第三代移动通信领域（3G），软交换也是一个热点，在国际电信联盟所定义的 WCDMA R4

版本中，其核心网络就是建立在软交换技术基础之上的，因此，可以说中国移动此次"软交换"行为也对于未来3G的建设有着更加共性的意义。

软交换从广义上看，是电信交换网络演进过程中实现承载与控制分离的一种技术，实现媒体网关和呼叫服务器在网络上的分层部署，相关实体间通过标准协议进行互联和通信，以便在网上更加灵活地提供业务。狭义上看，软交换指软交换设备，定位在网络的控制层；移动软交换是将软交换技术引入移动网络，以适应未来以软交换分层架构为主导的移动网络建设趋势。移动软交换是通过移动网络电路承载和控制的分离、集中控制、分散接入，形成清晰的分层组网的核心网络规划理念，符合网络发展的方向；引入IP承载语音，利用IP端到端的寻址能力形成媒体网关之间扁平的组网架构，有利于简化网络拓扑。因此采用IP承载的软交换可以实现灵活的组网方式，降低建网成本和运维费用，提供丰富业务及功能，并可以实现现有网络向下一代网络的平滑演进。

通信的大力神"赫克勒斯"，为集话音、数据、传真和视频业务于一体的全新的、融合的网络打下了基础，能满足人们多样化和个性化的业务需求，逐渐为大家提供丰富多彩的信息服务。

（谢 蔚 林 联）

网络世界的瘟疫——计算机病毒

在网络这个虚拟的世界里，来无影去无踪的计算机病毒使网民们时刻都在担心自己的计算机会被突如其来的网络世界的"瘟疫"所吞噬。

令网民整日提心吊胆的计算机病毒究竟是何方神圣呢？与 SARS 等医学上的"病毒"不同，计算机病毒不是天然存在的，它是某些人利用电脑软、硬件所固有的脆弱性，编制出来的具有特殊功能的计算机程序。这些程序能通过某种途径潜伏在计算机软、硬盘等存储介质或其他应用程序里，在某种条件下被激活后，进行传染并对计算机功能、数据或网络资源进行破坏。正是因为这些程序具有和医学上的病毒相似的某些特性，人们形象地称之为计算机病毒。

学术界认为，计算机病毒的概念是被誉为计算机之父的冯·诺伊曼教授提出来的。自 1986 年初第一个真正的计算机病毒 C-Brain 问世后，形形色色的病毒便不断涌现。如大麻、圣诞树、黑色星期五、CIH、"米开朗琪罗"等病毒都曾给许多计算机用户造成了极大损失。计算机病毒的种类繁多（据估算，仅 2004 年全世界就出现了 10 万余种计算机病毒），虽然按感染对象与破坏性的不同，可以分为很多种类，但它们基本上都具有以下五个特点。

传染性。如同 SARS 或流感病毒等医学上的病毒一样，计算机病毒具有极大的传染性。这种传染性，是指病毒能够进行自我复制，在应用者根本无法察觉的情况下，把自身的代码强行复制到一切符合其传染条件的未受到传染的程序之上，软盘、U 盘、网络都可以成为其传播渠道。

隐蔽性。病毒的编写者往往都具有很高的编程技巧，病毒可以附在正常程序之中，令人难以察觉。比如从网上下载一幅图片或一个应用软件时，或许就有个隐藏其后的病毒，随之侵入了你的计算机之中。当你的计算机受到传染后，系统通常仍能正常运行，感觉不到明显的异常。这正是病毒编写者的高明之处，如果病毒在传染到计算机上之后，马上导致机器无法正常运行，它就失去进一步传染的可能了。

寄生性。虽然计算机病毒是一段可执行的程序，但它却不是一个完整的程序，需要寄生在其他可执行程序上，当用户运行被病毒寄生的程序时，病毒代码就有可能会被激活。一般在被传染的程序未启动之前，用户是不易发觉病毒存在的。

潜伏性。大部分的病毒在侵入计算机系统之后不会立刻发作，它可以如幽灵般，悄悄地潜伏在"最黑暗"的角落，如同一颗定时炸弹埋藏在系统之中。一旦出现满足其发作的外部条件或接收到病毒编写者发出的激活指令，它便开始启动其破坏功能，对计算机或网络进行大肆破坏。

破坏性。病毒之所以可怕，就在于其具有巨大的破坏性。它的破坏性给网民带来了数不清的噩梦，更给社会带来了巨大的经济损失。大部分的病毒在发作后，或破坏计算机数据、删除文件；或加密磁盘、格式化磁盘；或加速自身的复制，通过网络大面积的传播，使整个网络暴发"瘟疫"，灾难性地陷入瘫痪状态。也正是因为病毒具有"出色"的破坏性，这使它成为一种有效的信息武器，并在信息战中得到了广泛应用。在第一次海湾战争前，美军便巧妙地把病毒隐藏在伊拉克的防空指挥系统之中，战争打响后，美军随即将其激活，瘫痪了伊拉克的整个防空系统。

近几年来，随着计算机及互联网技术的飞速发展，病毒技术也变得越来越高明了，不仅出现了采用多种加密方式的多变性病毒、专门攻击备份文件的破坏型病毒以及针对 Office 系统的宏病毒等，甚至还出现了专门用来生成病毒的工具！

互联网是 20 世纪人类最伟大的科学发明之一，它的普及极大地促进了人类社会的发展。然而，让人难以

接受的是，它也未能逃过险恶的计算机病毒的魔爪——一种通过网络进行传播的蠕虫病毒也随之诞生了。与一般的计算机病毒不同，蠕虫是一种更高级的计算机病毒。它不会传染并潜伏在计算机的文件或系统之中，而是通过不断地自我复制来主动散播到网络系统上的其他计算机里面。就像毛毛虫一样在网络系统里面到处爬窜，因此被称为"蠕虫"。在产生的破坏性上，蠕虫病毒也不是普通病毒所能比拟的，它可以在极短的时间内在全世界的网络之中进行传染蔓延，轻则使网络出现局部"病变"，重则暴发"瘟疫"，使网络大面积陷入瘫痪，给社会经济带来极大损失。它是网络世界"瘟疫"的始作俑者！

（王天广）

神秘的"黑客"

～～～～～～～～～～～～～～～～～～～～～～

    随着互联网的日益普及，"黑客"一词不仅越来越广泛地出现在新闻媒体，甚至是影视作品当中，而且越来越多的网络安全事件背后，都闪烁着黑客们的身影。人们不仅对黑客世界充满了好奇，而且也充满了畏惧，甚至闻"黑"色变。那么，什么是黑客？

    黑客是英语"hacker"一词的音译，hacker 的本义是劈或砍东西的人，后引申为对某种活动或者事务特别热衷，有钻研精神的人。对于由计算机构成的网络世界来说，早期的黑客就是对计算机和网络相关的各种技术深入钻研，非常精通而敢于挑战传统的人的统称。"自由使用，信息免费，打破权威，计算机既可以创造艺术与美，也能使生活更美好"是当时黑客们所遵循的独特行为准则。

早期的黑客不仅发明并生产了个人计算机，而且发现了各种入侵计算机系统的技巧。对于他们来说，发现程序和系统的漏洞、编写高难度的软件、破译大型计算机系统和核心数据库的密码、突破防卫措施森严的网络系统等都是富有极大刺激性和成就感的冒险活动，也是黑客炫耀技术、实现自我价值的最佳方式。正因如此，才使得各种官方机构的计算机系统，大型电信运营商的核心网络以及著名的商业网站等，吸引了无数黑客们的注意。而此时的黑客更满足于技术上的挑战，相对所造成的危害较小。例如，当他们发现了某个著名软件的漏洞，会以公开的方式予以发布，并提交给相关的软件厂商；入侵系统后，会留下某些痕迹或者"善意"地提醒系统管理人员等。

随着互联网和计算机技术的不断发展，黑客有了更加广阔的活动天地，也有了更加便利的沟通手段。然而，黑客所采用的各种方法、手段也随着互联网的发展而日益扩散，各种漏洞信息、攻击代码和黑客工具变得唾手可得，导致黑客的神秘光环在逐渐黯淡，黑客队伍也在不断扩大。不仅如此，当越来越多的人使用计算机，使用互联网的时候，互联网已经成为一个虚拟的真实世界，成为现实生活的真实写照。黑客的行为越来越社会化，越来越多的人利用黑客技术来实现其个人或者团体的各种形形色色的目的。例如，为了表达某种政治观点，会篡改著名网站的页面；通过网络入侵，获取机密信息以换取经济利益等等。这些行为破坏了早期黑客的行为准则，并且同样被冠以"黑客"的名义而广为宣传，使得黑客定义的内涵不断扩大，甚至变质。黑客从一个略带褒义的名词，逐级沦落为一个具有贬义的称谓。

黑客活动的猖獗，这固然有黑客们不断发展新技术的因素，但是互联网和计算机系统的日益复杂、易用性不断提高以及人们防范意识不强更是黑客事件层出不穷的主要原因。一方面，现代的计算机系统计算能力非常强大，一台普通的个人计算机的计算速度可以与20世纪90年代的大型机相媲美，使得口令猜测和密码破译等更为迅捷；软件程序的复杂性和多样性也使得软件出现各种漏洞的概率成倍增大，更容易为黑客所探知和利用；而互联网的出现不仅为黑客提供了广阔的活动舞台，而且造成了黑客工具和黑客技术的泛滥，任何人都可以从互联网上轻易下载各种攻击破坏工具。另一方面，互联网用户规模不断扩大，而使用水平却参差不齐，网络与信息安全意识普遍薄弱，这都给黑客提供了大量可乘之机。例如在网络上随意下载各种软件、访问黄色网站等，极易引入特殊的"间谍软件"，这种间谍软件就如同古希腊神话里面的"特洛伊木马"一样，将用户机器中的信息源源不断地送到黑客那里，甚至将用户的计算机变为黑客的傀儡，去攻击其他用户的计算机。

针对黑客对互联网世界所造成的威胁日益严重的情况，网络与信息安全领域的专家加强了交流与合作，成立了各种相应的组织来共同打击和预防黑客犯罪，并不断地完善互联网和计算机技术，制定安全规范，建立安

全事件快速响应机制，致力于发展反黑客技术来阻止和反击黑客，例如，针对黑客入侵，推出了入侵监测系统，当黑客入侵时，及时向管理人员发出警报；应用各种先进加密技术，防止信息被黑客破解利用；对信息系统的用户进行认证，防止用户账号被非法使用等等。

　　尽管黑客对互联网世界的和平与安宁造成了巨大的危害，但是不可否认的是，黑客对互联网和计算机技术的发展起到了巨大推动作用，尤其是在网络与信息安全技术方面。

（杨海军）

三万六千千米高的中继站——覆盖全球的卫星通信

卫星通信，从技术上讲，属于微波通信的范围，它用的电磁波信号是在微波波段内；从原理上讲，可以把一颗通信卫星看成是一座建在高空中的无人值守的微波通信中继站。

利用卫星实现远距离、大范围通信的设想是 1945 年由英国人克拉克在他的幻想小说中首先提出的。他受月亮的启发，想到悬在空中的月亮可作为一个很好的通信中继站。后来经过科学家的周密测算，提出了发射三颗等距离的、与地球同步运转的人造卫星，建立除南北两极地区以外的全球通信网的构想。但是，怎样才能使卫星上天呢？即使上了天，又怎样使卫星与地球同步运转呢？

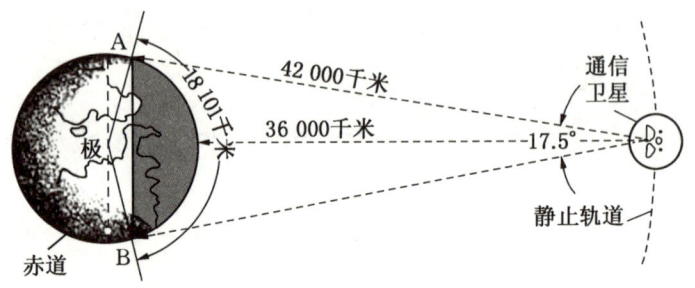

科学家们为此做出了艰苦努力。十多年后，也就是1957年，人类第一颗人造卫星由苏联发射上天。第一颗人造卫星虽然没有承担通信中继站的任务，但是它使克拉克的幻想变为现实迈出了重要的一步。后来，相继发射了许多颗卫星，但都是近地轨道卫星，围绕地球运转的周期短，与地球自转运动不同步，只能与地面作短时间的间断通信。

到了20世纪60年代中期，国际通信卫星正式投入使用，克拉克的幻想最终成为现实。

现在国际上常用的通信卫星，大多数是同步通信卫星，也叫静止卫星。人们将通信卫星发射到赤道上空距离地面约35 900千米高的圆形轨道上，卫星绕着地球运转。卫星运行的方向由西向东，与地球自转的方向一致。卫星运行的速度为每小时11 070千米，绕地球一周的行程为265 680千米，所需时间正好是24小时，和地球自转一圈的时间相等。卫星与地球运转的关系始终保持一致，处于同步状态。这样，从地面上看，通信卫星好像是静止悬挂在空中，与地面微波通信中继站起到同样的作用，而且因为它高高在上，从通信卫星俯视地面的视野范围就极广，三颗通信卫星组成一个外切等边三角形，把地球包围在内，通信的覆盖面就可以包括地球除南北极以外的所有地区了。

在信息时代，人们的理想是：任何人在任何时候、任何地方都可取得相互间的联系。卫星通信为实现这一理想提供了有力的技术支持。世界上的有关国家已陆续发射了各种通信卫星。

科学技术的发展总是从简单到高级、从原始到成熟，一步一个脚印向前迈进的。1965年国际通信卫星1号发射，星体直径0.7米，高0.59米，重38千克，电源功率40瓦，设计寿命18个月，可通240路双向话路。

1967年国际通信卫星2号发射，星体直径1.42米，高0.67米，重86千克，电源功率75瓦，设计寿命3年，可通400路双向话路。

1968年国际通信卫星3号发射，星体直径1.42米，高1.04米，重152千克，电源功率120瓦，设计寿命5年，可通1 200路双向话路。

1971年国际通信卫星4号发射，星体直径2.38米，连外部设备总高5.28米，重700千克，电源功率400瓦，设计寿命7年，可通5 000路双向话路。

1975年发射的一颗通信卫星，它有20个转发器，通信容量增加到了6 250路双向话路和2路彩色电视，使全球通信更趋完善。

之后，又发射了国际通信卫星5号，外形由圆柱形

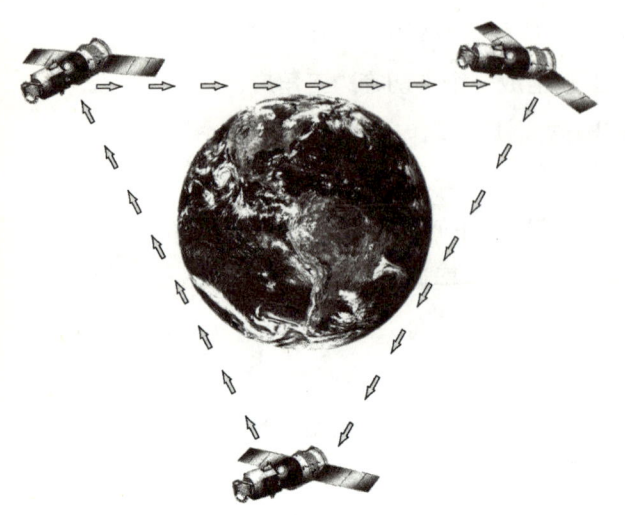

▲ 高空中继站

改为多面体，总高6.44米，太阳能电池板伸展后长达15.59米，重815千克，电池功率1 742瓦，设计寿命7年，通信容量为12 000路双向话路和2路彩色电视。

一般来说，电源功率是通信卫星一个至关重要的技术指标。它不仅与卫星的通信容量、工作寿命有很大的关系，更为重要的是直接影响到卫星地面接收站的规模大小和设备性能。电源功率太小，地面接收站就需要巨大的、重达十吨，甚至数百吨的天线，以及高增益、低噪声、强功放的信号接收设备。电源功率增加，地面接收站成本就可大幅度下降。当卫星的信号发射功率达到400瓦以上时，就可以进行电视直接广播，称为直接卫星，相当于一座大功率发射的电视台，地面上只要用直径为米级的抛物面室外天线就可直接收看卫星播放的电视节目了。

时至今日，通信卫星技术发展到何种程度呢？21世纪初，用被称为"太空货轮"的阿里亚娜五型火箭发射了一颗当时世界上最大的通信卫星，这颗特大卫星重5.9吨，工作寿命15年。

因为同步通信卫星在地球的南北极存在两个通信

D 地面站

"盲区"，所以人们又研制、发射了另一种卫星——极地轨道卫星。极地轨道卫星是以椭圆形轨道穿过南北两极的上空运转，解决了南北两极通信难的问题。极地轨道的通信方式甚为特殊，设备结构也比较复杂。但是它的运行轨道可以机动，具有保密性强、能有效预防战时敌方对卫星的拦截等优点，因此极地轨道卫星在军事通信领域受到了足够重视和广泛应用。

（施善昌）

解剖卫星——卫星的基本组件

~~~~~~

　　如果说苏联发射的第一颗人造卫星"斯普特尼克"
告诉了人们卫星可以做得有多么简单的话，那么现在所
实际应用的卫星则完全是另一回事。毕竟，人们需要消
耗掉一枚火箭，才能够把卫星发射上天，因此需要卫星
能在天上长时间地做有意义的工作，而不是简单地向人
们汇报它所在地方的温度。现在的卫星结构都很精巧，
并且不同用途的卫星会携带不同种类的设备，比如，气
象卫星会配备照相机，以将它拍摄的画面返回到地面的
接收站；通信卫星会配备转发器，转发器会接收来自一
个频率范围内的信号，并且会把信号放大，再用另外一
个频率把它发回到地面；科学探测卫星的设备就更加多
种多样，比如哈勃卫星就配备了一个用于探索太空的天
文望远镜。此外，其他卫星还有用于监测太阳黑子，以

及伽马射线的设备。不过，在这种多样性的背后，仍有许多部件是共通的。

为了使表述更加形象，我们可以把卫星理解为一种模仿人类行为的机器人。它需要能量来维持正常工作；人类有五感，卫星也需要设备来感知周围的环境，这些设备可能包括照相机、望远镜、粒子检测器、温度计、压力计等。不仅如此，卫星还需要有对变化的环境做出反应的能力；卫星需要收集、处理以及发射数据，这样它就要配备天线来进行信息沟通，配备电脑来处理信息；最后卫星还需要承担额外的负载，以针对各种不同的应用而配备不同的仪器。

如果对卫星进行解剖，可以分为这样几部分：

能量系统。在照片上所看到的卫星通常都长着一对"翅膀"，不过这翅膀并非是用来飞的（事实上卫星所在的高度上已经不具备稠密的大气，翅膀就是长得再长也不能靠它飞起来），而是太阳能板，之所以要做得那么长那么突出，就是为了能更大限度地接收太阳的光照。当卫星在太阳光照射下时，太阳能就会转换为电能给卫星上的仪器供电，而多余的太阳能会转化为化学能储存在电池内；当卫星转到行星背面的位置，不能接受光照的时候，电池就会将化学能转化为电能为仪器供电。太阳能是卫星上最常见的一种能量来源，不过也有一些别的供电技术可能会在未来用于卫星，比如利用燃料电池、核能电池等，其中核能电池已经被用于深空探测。核能电池的美妙之处在于不需要充电，就可以连续工作几十年，当然它也有弱点，就是要采用有放射性的物质。在1975年发射的"旅行者"号飞船由于要穿越太阳系，并进行一系列科学探测，而在太阳系的深处，太阳能已经非常衰弱，所以就需要这种特殊的供能方式——核能电池。

姿态控制系统。卫星始终需要保持一定的姿态，比如，太阳能电池需要一直指向太阳，天线或者是照相机需要一直指向地面。但是来自地球的引力、地磁场、太阳风等，都会影响到卫星的姿态，因此卫星需要姿态控制系统去解决这一问题。陀螺仪是姿态控制系统中用于平衡的关键设备，它存在于各种飞行器中，从航模、导弹到卫星，都可以见到它的身影。著名的哈勃天文望远镜的3个遥感装置中都装有陀螺仪。另外，卫星发动机在用于轨道控制之外，也可以用来调整卫星姿态。

轨道控制系统。和其他飞行器一样，卫星上也有发动机，不过它并非为了飞行而用，因为卫星的飞行是凭借运动的惯性，本身并不需要动力。卫星发动机的主要功能是使卫星保持在轨道上飞行。首先，卫星会受到太阳和月亮引力的影响，它们总是试图将卫星拉往它们的方向。其次，对于近地卫星而言，由于它并没有完全脱离大气层，它在飞行的时候还是会遇到微弱的空气阻力。正是因为这些原因，卫星需要动力来调整自己的位置，以随时重新进入轨道。太阳能电池板虽然可以为仪器供电，却不能提供产生机械运动的动力，所以卫星通常要配备上一组发动机，已使它能够在几个方向上调整自己的位置。

天线系统。天线系统主要用来和地面进行信息交流。地面的指挥站会向卫星发出一系列指令，而卫星也可以将它捕获的信息或者是自身的状态通过天线发还给地面。而对于通信和电视直播卫星而言，它们的主要任务就是通过天线进行地区间的数据接力。如果没有天线，卫星和地面就是互相独立的两个个体，卫星也就失去了存在的意义。

卫星负载。即卫星上携带的其他设备，针对不同的任务卫星会携带不同种类的负载。负载主要包括两种：电脑和传感器。电脑用来处理数据，传感器用来监测周围的环境，如前文所提到的照相机、望远镜、压力计、温度计等。

（庄　力）

图像飘万里——卫星电视

～～～～～～～～～～～～～～～～～～～～

　　科技的发展使得我们对很多事情都觉得理所当然，比如我们现在觉得电视节目就应该是清晰的，如果看到一个有重影、有雪花的电视节目，恐怕我们都会感到有些不习惯。而二十几年前，中国的几乎所有的电视观众，对这种质量的电视节目都习以为常，并且会很耐心地转着电视天线调来调去试图得到一个较好的效果。而且当时电视观众的收视范围非常有限，本地以外的电视台就只能接收到中央电视台节目。

　　随着各个电视台纷纷将自己的信号发射上卫星，这种情况得到很大改善。利用卫星来传播电视，不仅可以实现远距离传输电视节目，而且可以保证信号的高质量。这些高质量的信号，或者通过各地的有线电视网传送到各个家庭，或者直接用卫星天线进行接收。为什么用卫星电视会有如此效果呢？这需要从头说起。

无论我们通过传统的电视天线来接收电视节目，还是通过卫星天线来接收节目，甚至用收音机来接收广播节目，其本质都有类似的一面。即在信号的发射和接收方都要通过天线，来向周围的空间发射或者接收电磁波。具体的流程是：信号源，比如说电视台、广播电台，通过发射塔上的天线来发射电磁波信号。电磁波信号在空中传播，最终接收端，比如电视机，或者收音机也通过天线来接收这些信号。然而，电磁波在空中传输的时候，根据电磁波频率的高低，会呈现出不同特性。大体可以分为三类：

1. 沿地面传播。频率低于 2 MHz 的电磁波，会或多或少地沿着地面的轮廓来传播。这意味着它可以传输到相对远一些的距离，但是它不能穿越上层大气。这个波段的电磁波的典型应用就是中波广播。

2. 利用大气的电离层反弹进行传播。这段电磁波的频率范围是从 12—30 MHz，特点是它的波束可以被大气层上部的电离层反弹，犹如天上有一面巨大的镜子一般（虽然看上去像是电磁波在电离层被反射回来，但造成这一现象的其实是折射，在这里就不多作阐述了）。而且，反弹可以进行好几次，结果就是电磁波可以传播几百万米。这个波段的电磁波的典型应用包括短波广播和业余电台等。

3. 直线的传播方式。当电磁波的频率超过 30 MHz 的时候，电磁波沿直线传播。这意味着如果你想接收到对方传来的信号，必须在各自的视野范围内（光同样沿直线传播）。当然现实中视野范围内通常都会有障碍物，但是只要电磁波的频率不是太高，障碍物不是太多太大，信号仍然可以传递到对方，但是信号的质量会不可避免地降低，地况复杂的城市会严重影响画面的清晰度。直线传播所带来的一个问题是，如果地球是一个平面，通过电磁波可以传递到很远的距离，但是地球的表面是弯曲的球面，当两个点的距离达到一定程度，就会超出对方的视野范围。如果要实现这两个点间的通信，就必须抬高接收天线的所在高度，或者是使用微波中继站，中继站的作用在于接收某一点的无线电信号，再把这个信号发送到另一点去。这样，如果中继站彼此之间都在视野范围内，就可以像跑接力赛一样把信号从一点传递到遥远的另一点去。毫无疑问，这是一种非常费力的方式，而且也难以保证信号的质量。日常生活中，调频广播，以及电视节目都是用 30 MHz 以上的频率进行无线传播的。

卫星电视的出现，首先解决了传输距离的问题。卫星高悬在天空，视野范围相当宽阔。理论上 3 颗同步卫星就可以覆盖地球上 80% 的范围。卫星上面配备转发器，可以接收来自某个天线发射的信号，再转发到其他天线上去，这就相当于一个可以跨海过洋的超级中继站。你所要做的就是使用特制的卫星天线——通常我们俗称为"锅"——对准卫星，配备一些相关设备，一条天空中的链路就大体建成。

　　其次，卫星电视解决了信号质量的问题，这和如今的卫星电视大量采用数字技术不无关系（卫星电视起初也是运用模拟技术的，不过现在位于我们头上的几乎都是数字电视卫星了）。数字技术本身并不能保证信号的高质量，但它基本可以做到让信号在传输中没有损失。数字化技术通过一套编码手段，将源信号用一串数字 0 和 1 组成的长链来表示，并且附加一段信息用于纠错。如果这一长段 0 和 1 的编码在传输过程中出现了个别数字的错误，那么可以利用纠错机制复原它，最终得到的是与源信号一模一样的一串数字 0 和 1 的长链，也就是说，信号在传输过程中是无损的。除非出现特别不走运的情况，某种意外因素使得整块的信息出现大量错误，纠错机制对它就无能为力了，最终表现在我们电视机上的，就是类似于马赛克一样的画面，甚至于信号中断。

到现在为止事情看上去都很完美，不过仍然还有两个问题需要解决。第一，电视节目的音视频信号流量是相当巨大的，而卫星转发器的资源则是相对稀缺和宝贵的。这两者间的矛盾必须得到解决。第二，对于那些要额外收费的电视节目，需要有一种技术手段使得只有付费用户才能正常收看。对于第一个问题，可以用压缩技术来解决。卫星电视通常是将原本巨大的视频信号流压缩成 MPEG-2 格式。压缩后的信号可以只有原本的 1/10 大小。虽然这一压缩是有损的，但是仍然可以保证达到清晰的质量。事实上我们通常的 DVD 影碟用的同样是 MPEG-2 格式。对于第二个问题，可以通过加密技术来解决。即在节目上星前就进行加密，用户在接收电视节目时必须进行解密才能正常收看。现实中卫星电视的用户除了卫星接收天线外，都需要有专门的接收设备。这个设备可以进行 MPEG-2 格式的解码，可以进行解密，可以用来选择不同的频道（同一卫星上的），以及其他的一些功能。

有了这些基本知识以后，现在我们就可以很清楚地去理解卫星电视系统的基本结构，基本上我们可以将这套系统分为 5 部分：节目源、广播中心、卫星、卫星天线、接收设备。节目源可以通过卫星、无线电信号发射塔、地面有线线路等各种方式将节目发送到广播中心。广播中心将节目汇总后用一个大尺寸、大功率卫星天线将信号发射到卫星，卫星再将它所接收的信号向覆盖区域内广播。位于区域内的用户通过小尺寸的卫星天线来接收广播信号，利用接收设备来解出电视信号，最终将电视节目输入到电视机上。

现今在国外比较风行的 DirecTV 业务，已经把广播中心的概念推到了一个新的高度。DirecTV 的业务提供商本身会接收各个卫星电视台和本地电视台的电视节目，然后把这些节目打包上星。这样，用户只需对准一颗卫星，就可以收到几十上百个频道。这种运作方式从效果上来讲，已经非常接近于有线电视网了。

（庄　力）

通过卫星去冲浪——基于卫星的宽带接入技术

~~~~~~

如今我们有了各种各样的宽带上网的解决方案，比如 ADSL、有线通、小区局域网，等等。虽然表象千差万别，本质上它们只是各自采用不同的手段来接入到互联网而已。比如 ADSL 是用电话线来接入，有线通是用有线电视线缆来接入，小区局域网是通过网线，甚至已经发展到用电线就可以来上网。有形的地面线缆可以用来上网，无线的微波也可以，比如中国电信的天翼通（无线局域网）、中国移动的 GPRS、中国联通的CDMA1X，等等。既然可以用卫星实现通信，自然也就可以用卫星来上网。在这里，我们所说的上网不仅是指通常的互联网，也指卫星通信系统的内部网络。

既然我们的国际互联网是一个基于地面的网络，为什么我们还要大费周章地上天入地，通过卫星来上网？这里有两个原因，第一，卫星通信的覆盖范围非常广。即使是在地面网络已经非常发达的今天，仍然在很多偏远地区存在通信盲区。在这些地区实现通信的最简单而又经济的方式就是卫星通信。第二，卫星非常适合于单向广播。广播是指单一数据在网络上的大量传播和复制。对于地面计算机网络而言，广播是非常有用，但同时又是非常可怕的事情，因为广播容易形成广播风暴，会对网络带来毁灭性的打击。公共互联网根本就不允许广播数据通过的。私有网络倒是可以实现广播，只不过，得在广播源和每个接收站之间拉一根地面专线，而现在按照中国电信的收费标准，1条营业区内的 2 Mbps 数字电路每月的月租费需要 2 000 元，跨省的则需要 6 000 元。相比较而言，卫星通信就不需要拉这些线缆。如同卫星电视台而言，是一台电视接收，还是一百万台电视接收，对它完全没有技术上的影响。通过卫星组成的内部网络也非常适合于广播。

卫星上网实现起来也并不是非常复杂。原则上，对于一套卫星通信系统而言，只需要在软件上使它能够符合和遵守通行的互联网标准，并且拥有一个高速互联网出口，就可以实现利用卫星来上网。

通常我们是用 VSAT 系统来实现卫星上网。VSAT 是一种低成本卫星网络结构，设计起来也相对容易。VSAT 系统的弱点在于小站的数据上下行能力不对称，在设计基于 VSAT 的卫星上网解决方案时，正是考虑到了这种不对称性，所以将高速的互联网出口连接在主站上，而主站有足够的能力将来自互联网的数据高速发送到小站上，小站通常只需要发送一些连接请求和信息反馈就可以了，这些对于链路速度的要求都不高。通常情况下，通过 VSAT 网仍然可以实现高速的互联网冲浪，而不太容易感受到小站低上行速率所带来的限制。

利用卫星上网的先行者之一是美国休斯网络系统公司的 DirecPC 系统。但 DirecPC 并不是一个双向卫星通信系统。因为这个系统中的小站虽然是用卫星链路来接收数据，但是发送数据却是利用地面网络来完成的——通常是用电话线拨号的方式。并且，这个系统中下行数据的速度也不高，仅有六七百 Kbps 的速率。以现在的标准来看，DirecPC 系统的性能已经落伍了，不过在它初始应用时，宽带并没有像现在那样普及，VSAT 小站的能力较之今日仍有很大不足，DirecPC 还是取得了一些成就。

随着技术的进步，越来越多的 VSAT 系统采用了具有完全双向传输能力的 VSAT 小站，小站发送数据已经不再需要一根电话线了。这样不仅方便，通信环节的减少还使得系统更加稳定。只是单纯以小站发送数据的能力而言，它的表现并不比拨号上网来得出色。不过近些年来随着宽带卫星技术的发展，卫星转发器的总带宽日益增加，使得转发器单位频率的成本不断下降，与之对应的，小站发送数据的能力也不断增强。比如现在 iPSTAR 系统中小站的数据发送能力已经达到了 2 Mbps。

如果只是单纯增加小站和主站的数据发送能力，用户在实际使用时可能根本就体会不到多快的速度。因为我们接入的是一个计算机网络，这是一种相当"唠叨"的网络。如果两台计算机之间要发送数据，除了发送数据本身，计算机之间还要进行大量的信息交流，这种交流在实际发数据之前就已开始，并贯穿整个数据传输的过程直至结束。这种交流对于计算机网络而言，是非常有用的。计算机网络中传输的是数据，数据坏掉一丁点都是不允许的。计算机网络，尤其是国际互联网，由于结构复杂，各地的网络情况天差地别，两台计算机如果不进行交流，一台想当然地一股脑儿发出一大堆数据，结果对方根本就接收不过来，来不及处理的数据只能徒然地在那儿堵塞网络。为了保证数据正确、完整，并且传递有序，互联网上的 TCP 协议（Transmission Control Protocol，传输控制协议）规定了很多控制机制，然而，这些控制机制在制订之初，只是针对地面网络而没有想到日后的卫星网络。这些机制如果照搬到卫星网络中反而会大大影响卫星网络的运行效率。为了消弭标准 TCP 协议所带来的不利影响，卫星网络通常都会采取一种建

立在 TCP 协议基础上的特制协议，它可以充分发挥卫星网络的通信潜力。

　　不仅 VSAT 系统可以实现卫星上网，理论上近地卫星星座系统也可以实现卫星上网，只不过现在实际运营的几个卫星星座系统传输数据的速度都比较低，用来上网未免有些勉强。

（庄　力）

三星高照——GPS 全球定位系统

~~~~~~~~~~~~~~~~~~~~~~~~~~~~~~~

高科技平民化是当今世界的一个趋势，GPS（全球定位系统）就是一个例子。以前我们听说 GPS，可能还是在美军高科技武器的介绍文章中，譬如战斧式巡航导弹是如何凭借 GPS 实现精确的远距离打击。而如今民用的 GPS 接收仪正在迅速普及，它的体积仅比手机略大，价格也已经降到了数千元。就是这样一个小盒子可以精确地告诉我们在地球上的哪一个角落，误差可能只有几米。

GPS 系统远非人们手上的那个小小的盒子看上去那么简单。在我们的头上有 27 颗 GPS 卫星，其中运行的有 24 颗，另外 3 颗用于备份。这些卫星使用太阳能供电，距地 19 300 千米，每天环绕地球两周，它们的运行轨道经过了特殊安排，以保证无论何时、何地，至少能够"看到"四颗星。GPS 系统由美国军方研发，原本用于军事目的，后来也对民众开放，不过在定位精确度上做了限制。

GPS 的定位原理是三点定位。三维空间中的三点定位理解起来有一点困难，为了让读者明白，下面通过二维平面演示三点定位原理。

假设你在一个城市迷了路，你找了一个好心的路人问路，他告诉你："你距离那家电影院 5 千米。"这或许是一个奇怪的答案，不过他至少透露了一些信息。你现在所处的位置，就在以那家电影院为圆心，5 千米为半

▲ 卫星天线

径的一个圆的周边上。

电影院

现在你又问了另外一个路人，他告诉你："你距离那家剧院 4 千米。"依据这个信息你又可以画一个圆。这个圆和之前的那个圆相交，得出两个交点，现在，你可以确定的就是，这两个交点中的其中之一，就是你现在所处的位置。

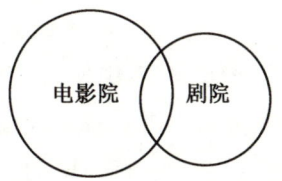

这个时候如果问第三个人，他告诉你："你距离那家商场 4 千米。"现在你就可以消除其中的一个交点了。因为这第三个圆，必定相交于其中的一个交点上。

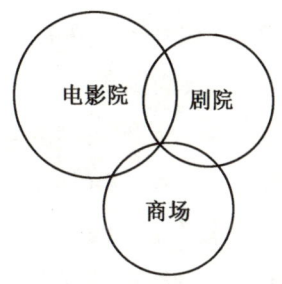

这个原理也同样可以运用于三维空间中。不过在三维空间中，你所画的就不再是一个个圆，而是一个个球。现在，假设你知道你相对于卫星 A 的距离，以及相对于卫星 B 的距离。现在你可以画出两个球来，这两个球相交，会形成一个圆，现在你又知道了相对于卫星 C 的距离，开始画第三个球，这个球相交于之前的那个圆，会形成两个交点。最后我们再来考虑地球，地球也可以认为是第四个球，这个球可以消除最后会带来误差的一个交点，这样，你就知道你所在的具体位置了。

实际情况中，GPS 终端还会去寻找第四颗，甚至更多卫星的位置，这是为了增加精确度，尤其是在海拔高度方面。

幸运的是，所有的计算工作都由我们手上的这个GPS 接收终端来完成。不过在开始计算之前，接收终端需要知道两点信息：至少 3 颗卫星的位置以及终端和这些卫星间的距离。这些信息可以通过接收由 GPS 卫星所发射的高频率、低功率的无线电波来获取。

知道卫星的位置并不是一件十分困难的事情，因为卫星是在固定的轨道上运行的。相当于给 GPS 接收终端一本历法，告诉它们在任何给定的时间，每颗卫星所应该出现的位置。当然，太阳和月亮的引力会影响卫星的位置，但是美国国防部会随时监测这些卫星所在的实际位置，并在它们的信号中添加修正信息。

测量距离则相对复杂。GPS 卫星发射的是电磁波，这意味着它们的速度为光速，即在真空中每秒 30 万千米。这样，我们可以通过测量电波从卫星发射到终端所耗费的时间，再乘以光速，就得到 GPS 终端距离 GPS 卫星的距离。

这段时间又是如何测量的呢？在 GPS 系统中，GPS卫星会在某个特定的时间发射一段信号，在这个时候，GPS 接收终端也会通过运算得到这段信号。当 GPS 卫星发射的信号到达终端时，它相较于终端产生的信号，会有一段延时。这段延时，即信号在传输中所消耗的时间。

这个测量方法有一个前提，即 GPS 卫星和 GPS 接收终端达到同步，也就是说，GPS 接收终端上的时间，必须等同于 GPS 卫星上的时间，否则测量的结果将没有意义。并且时间的精度，也要求达到纳秒级（1 纳秒等于 10 亿分之一秒）。要达到这样精度的计时，需要使用原子钟，然而原子钟非常昂贵，一台大约需要 5 万至 10 万美元。对于迈向民用的 GPS 接收终端来说，安装它自然毫不现实。一个变通的方法就是在 GPS 接收终端中只安装普通的石英钟，并让它不断地利用 GPS 卫星上的原子钟来校正时间。

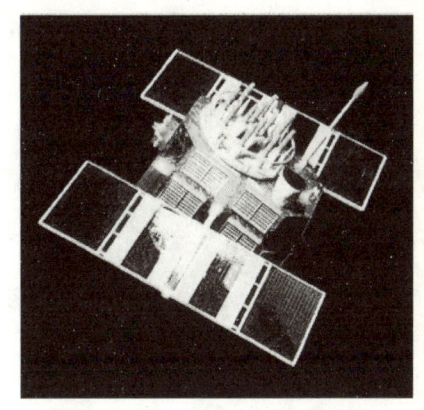

这样，它的精确度可以与 GPS 卫星上的原子钟近似。

GPS 系统在大多数情况下都运作得非常良好，但是仍然会在某些情况下表现得不太精确，比如大气层会减缓电磁波传播的速度，尤其是在电离层和对流层中。这种阻碍的大小会视你在地球上位置的不同而不同，从而也就难以精确估算。

经过一系列计算以后，GPS 接收终端可以回馈给用户此时所在的经度纬度，以及海拔高度。不过，如果仅仅只是给用户一个点位信息，就绝对没有充分发挥 GPS 的强大功能。我们可以在终端上加入地图，让用户知道他在地图上的位置。可以在地图上标识出你的移动路线，计算出你现在的行动里程，你现在移动的速度，你的平均速度，诸如此类。如果配上电子地图等技术手段，更是可以开发出更强大的功能。

（庄　力）

它们无所不在——卫星通信中的电磁波

~~~~~~

  无线通信是依靠电磁波来实现的。不同种类的无线通信，所利用的电磁波的波段是不同的。卫星通信所利用的电磁波的频率必须高于 30 MHz，因为如果频率不足，电磁波将不能够穿透大气的电离层。电离层的范围很宽泛，一般认为从距地 60 千米到 2 000 千米都属于电离层的领地，而即使是近地卫星通常都距离地面 500 千米以上。如果电磁波频率过低，信号到达近地卫星都很困难，更不要说高度更高的中距离卫星和同步地球卫星了。

  30 MHz 以上的电磁波依据其频率不同，具有不同的特性，并有各自不同的应用。人们将这些电磁波划分为如下波段：

波段	频率范围	带宽	主 要 应 用 范 围
P	0.2—1 GHz	0.8 GHz	移动业务卫星
L	1—2 GHz	1 GHz	移动业务卫星
S	2—4 GHz	2 GHz	移动业务卫星、宇航项目、太空探测
C	4—8 GHz	4 GHz	固定业务卫星、广播业务卫星
X	8—12.5 GHz	4.5 GHz	军用及政府用波段、气象卫星
Ku	12.5—18 GHz	5.5 GHz	固定业务卫星、广播业务卫星
K	18—26.5 GHz	8.5 GHz	固定业务卫星、广播业务卫星
Ka	26.5—40 GHz	13.5 GHz	固定业务卫星

　　需要指出的是：以上列出的只是这几个波段的大致范围，而且现实应用中人们也不会去严格遵守这个范围，比如一颗 Ku 波段的卫星，可能在下行波段使用了低于 12.5 GHz，即属于 X 波段的频率。

　　低频率的电磁波，比高频率的电磁波更容易发生衍射，同时也具有一定的穿透性。衍射使得电磁波遇到某个无法穿透的物体的边缘的时候，可以改变方向进行传播。穿透性使得这些波段的电磁波可以穿越一些障碍物，包括植被以及某些建筑物——不过对于金属障碍物它们就无能为力了。衍射现象和穿透特性，让地面天线不需要严格地对准卫星就能够和卫星进行通信。进一步说，即使地面天线处于移动状态，也可以保持和卫星的连接。这就派生出了卫星的一大业务范围——移动卫星业务。

　　卫星电话、卫星寻呼、卫星短数据传输、卫星定位和导航等，都属于移动卫星业务的范畴。这些业务所需要的数据速率都不高，但是对于移动性的要求很高，现有的移动卫星通信系统都可以满足它们的需要。应该说，在很多地面网络无法到达的地方，使用卫星成了开展上述业务的唯一选择。

用于卫星移动业务的电磁波段包括：P波段、L波段以及S波段。以我们已经介绍的几个卫星星座系统为例：

	Orbcomm	全球星	铱 星
移动站 上行频率	148—150 MHz	1 610— 1 626.5 MHz	1 616— 1 626.5 MHz
移动站 下行频率	137—138 MHz， 400 MHz	2 483.5— 2 500 MHz	1 616— 1 626.5 MHz

可以看到Orbcomm甚至采用了比P波段还要低的频率，全球星手机上行频率在L波段，下行在S波段。铱星上下行都采用了L波段的频率（铱星在进行星间链路的时候，用的是Ka波段的频率）。我们还曾经提到过的GPS全球定位系统，它发往GPS终端的信号同样是走的L波段。

不过，虽然上述的几个电磁波段具有衍射以及穿透特性，但是在实际使用中还是存在限制的。比如说我们最常见的GSM移动通信网，它的频率工作范围涵盖了900/1 800/1 900 MHz三个频段。也就是说，都是位于或者接近于L波段。而且GSM移动通信网的基站也是星罗棋布，可是如果不做特殊处理，移动通信网的手机信号仍然很难深入到地铁和电梯里去。同样，我们也不能对铱星系统的信号穿透能力有不切实际的奢望。要想有好的卫星移动通信的效果，用户的头顶上最好还是能有一片开阔地，而不是被封闭在一个钢筋混凝土的盒子里面。不过只需要满足这点空间上的要求，卫星移动通信的覆盖性优势便是无可取代了。地处偏远的地方可能根本就没有手机信号，而铱星就不存在这个问题，即使是在南北极电话也照打不误。

C及其以上波段的电磁波都不适合于卫星移动业务。随着频率的升高，它们的方向性越来越强，同时也逐步丧失了穿透能力。所有这些特质，都使得地面的天线必须严格对准卫星，并且在天线和卫星之间，不能够有遮挡物，否则通信也无法进行。这样的特质使得这些频段只适合用于卫星的固定业务和广播业务。要么是从一个固定点将信息传送到另外一个固定点，要么就是从一个固定点（卫星）将信息广播到多个固定点（地面天线）这两种卫星业务都离不开同步地球卫星，因为只有卫星的位置同地面相对固定，地面天线才能比较容易地对准它。

随着电磁波频率的升高，信号在传播时的衰减也随之增大。然而高频率也有自身优势，这就是由高频率所带来的高指向性。高指向性使信号不容易发散。而工作于更高频率的卫星天线也可以轻易地获得更高的增益（所谓增益，是一种衡量天线方向性的标准。它指的是，相较于一个全向天线，天线向一个特定方向发射信号的能量对比）。在本书的前面章节中我们已经了解到，在很

多情况下，天线增益的增高可以抵消掉由高频电磁波带来的高衰减的不利影响，所以现在人们趋向于使用频率更高的波段，一方面是因为高频波段的电磁波的频谱资源更丰富，而且来自地面的干扰较少，另一方面的原因就是可以使用尺寸更小的天线以节省成本，或者用相同尺寸的天线来实现更高速率的数据传输。以卫星电视为例，传统的卫星电视节目广播常用的是 C 波段，而现在用 Ku 波段转播的电视节目也开始大量涌现，像 DirecTV 采用的电视直播卫星就是用的 Ku 波段。至于新一代的宽带卫星则开始普及 Ka 波段的应用。配合点波束，频率复用等技术，宽带卫星的数据容量可以十倍乃至几十倍于传统卫星，大大降低了卫星通信的成本。

不过高频段的电磁波也并非尽善尽美，它们容易受到水和氧气的影响。对于卫星通信而言，目前所使用的频段上限也就是在 40 GHz 这一段，现在的军用卫星已经工作于这一频段。诚然，无线电通信的范围并未就此中止，继续抬高频率的话，我们将会遭遇红外线，不过这已经属于光通信的范畴了。

（庄　力）

法眼难逃——用卫星来实现监控和导航

~~~~~~

GPS 是个好东西，不仅是因为它的接收设备小，一个人就可以带着跑；不仅是因为它精确，隔着 10 000 多千米的卫星测量的距离可以精确到 10 米，这简直就像是在 10 千米外将高尔夫球一杆进洞；还因为它现在已经越来越便宜，一个手持的 GPS 机现在只要 1 000 多元。什么东西一旦同时具备了这三项条件，就表明它具有了被大范围应用的基础条件，剩下的就是看人们如何去挖掘它的功能了。

先来看看一个最简单的 GPS 接收仪能做什么：测量经纬度、测量海拔高度、测量移动方向以及速度、统计移动的距离，最后还有计时。似乎作用比较单纯，但是已经足够让它大显身手了。除了在军用、测绘等方面已经起到了卓越作用外，在民用领域它也有两项功能可以大力发挥，即卫星监控和导航。

我们已经知道，GPS 接收仪只能接收信号，也就是说，它可以虽然通过卫星来获取自己的精确位置，但是 GPS 接收仪本身没有能力把这个位置信息发送出去。所以，必须要选择一种无线通信手段，将通过 GPS 获取的位置信息发送到监控者的手上。当然，这些无线通信手段还可以顺便传送一些被监控者的其他信息。

备选的几种无线通信手段包括：

1. 现有的移动通信网络。世界上通行的移动通信网络包括 GSM 网和 CDMA 网。我国是世界上少有的既有 G 网又有 C 网的国家。这两种网络在技术上各有千秋，总体上无所谓优劣之分。选择的关键在于网络覆盖状况是否可以满足需要。因为 G 网和 C 网中手机都是要找到邻近的基站才能通信，所以运营商的基站建设是否铺得够广，是选择采用 G 网还是 C 网的关键。

2. 利用数字集群通信。好的集群通信网在语音调度上的优势不是 G 网或 C 网所能比拟的。不过限制它的还是一个网络覆盖问题。至少就现在的情况看集群通信网还不能像 G 网或 C 网那样覆盖到全国各地。

3. 利用 L 波段卫星。这是一个彻头彻尾的卫星解决方案，被监控者（通常是车载终端）将定位信息直接传给位于同步卫星轨道上的 L 波段卫星，也有可能是传给近地卫星星座 Orbcomm，因为它也有卫星监控业务。不过无论传给谁，都不用担心网络覆盖问题，但是同时也需要关心经济成本问题。

现有阶段卫星监控的主要用户在选择无线通信手段的时候通常会考虑以下问题：

1. 网络覆盖问题。首先不用担心 GPS 的网络覆盖问题，因为 GPS 可以覆盖全球，而各个无线通信手段的覆盖范围是不同的。理论上 L 波段卫星的覆盖范围最大，包括那些人迹罕至的无人区卫星都可以轻松到达，不过在城市内它的实际表现会有所欠缺。其次是 G 网和 C 网。总体而言在我国那些比较偏远的地方，G 网的覆盖范围更好一些，而都市里面则区别不大。集群通信的覆盖范围最小，不过如果监控车辆只在它的网络覆盖范围内活动，那么集群通信也可以满足需求。

2. 经费问题。L 波段卫星的使用成本最高。首先是通信终端比较昂贵，其次卫星信道的使用费更是笔巨大的花销，车载 L 波段天线的尺寸也不会小，安装起来还是要花点功夫的。G 网和 C 网的通信终端都不贵，这两个网都支持按流量收费的数据业务，这可以节省很多开支。比如建立在 GSM 网络上的 GPRS，用它来回传位置信息的成本只有用短消息的几分之一。至于集群通信在成本方面同 G 网和 C 网相比都没有优势。

3. 附加功能。无论是用 G 网还是 C 网的通信模块，它们都理所当然地支持语音通信。集群通信在语音调度上的功能就更强大了，群呼、私密呼叫都是在集群通信中最基础的功能，这些都是普通移动通信网所难以提供的。至于 L 波段卫星，它也可以支持语音业务，但费用却相当昂贵。

综合以上几点考虑，现阶段国内卫星监控主要采取的是双 G 结合的方式，即 GPS 配合 GPRS，这在成本和性能上可以达到一个比较好的契合点。

实际应用的卫星监控系统其实要比我们前述的更为复杂。至少监控者要有一张电子地图，让被监控车辆传回的 GPS 位置信息具体落实成电子地图上的一个点。而被监控者除了回传位置信息之外，还会回传包括车辆状态、车辆业务流程这样的信息。就此而言，这样的一个卫星监控系统也同时兼具了车辆调度功能。

卫星自导航设备同样是基于 GPS 发展出来的新型应用，它可以通过电子地图来告诉使用者当前所处的位置，附近有哪些主要场所建筑，他应该如何到达目的地。自导航设备和卫星监控的不同之处在于，卫星自导航设备是仅供个人使用的设备，并不一定要加上无线通信设备，而且从电子地图到所有的计算工作都是在本地进行，这就要求自导航设备能有一台小型电脑的处理能力。为了更好地展现电子地图，还需要一个大尺寸、高分辨率的彩色液晶显示屏。这样，当自导航设备内置的 GPS 接收仪接收到位置信息的时候，它就会将所得的位置信息反映在电子地图上。同时，利用自导航设备强大的处理能力，使用者还根据给定的条件，比如最短路径、最短行驶时间、贴近高速公路等，让自导航设备为用户自动选择出一条最佳的行进路线。还可以依据这条行进路线对用户进行语音导航，即用声音提示用户是应该前进，还是转弯等等。

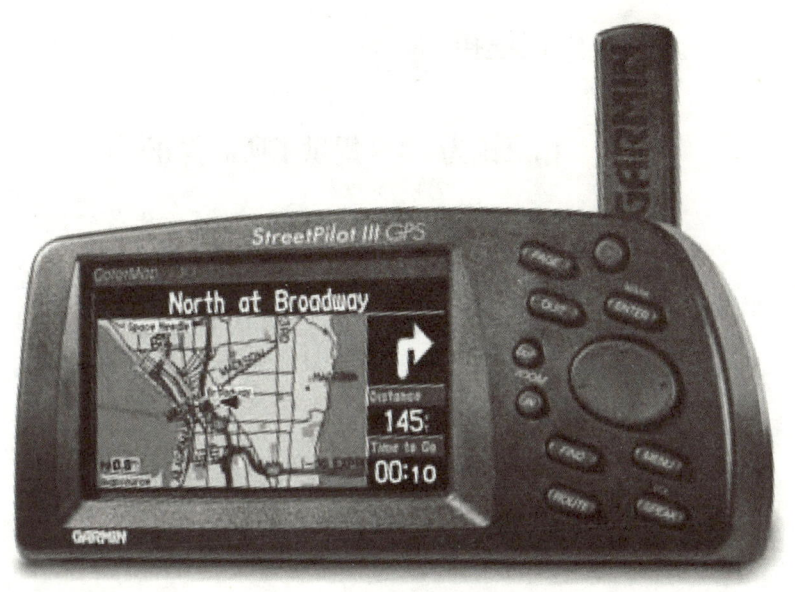

　　随着技术的演进，以后卫星自导航设备还可以变得更加智能，比如通过 L 波段卫星将更新的地图自动发送到自导航设备里，让用户能够随时拥有最新最准确的地图。还可以将路况信息发送到自导航设备，这样如果前方发生路堵，自导航设备可以指引用户绕道行驶。

　　卫星监控和卫星自导航都是新兴的业务，随着我国汽车工业的蓬勃发展，它们必将得到更多更广泛的运用。

（庄　力）

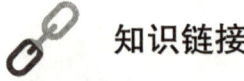

知识链接

相对论为 GPS 提供了所需修正

准确度在 30 米之内的 GPS 接收器就意味着它已经利用了相对论效应。相对论认为快速移动物体随时间的流逝比静止的要慢。每个 GPS 卫星每小时跨过大约 1.4 万千米的路程，这意味着它的星载原子钟每天要比地球上的钟慢 7 微秒。

而引力对时间施加了更大的相对论效应。大约 2 万千米的高空，GPS 卫星经受到的引力、拉力大约相当于地面上的四分之一。结果就是星载时钟每天快 45 微秒，GPS 要计入共 38 微秒的偏差。

与用户零距离——卫星天线

～～～～～～～～～～～～～～～～～～～～～

　　天线，从本质上来说就是一种向空中发射电磁波或者从空中接收电磁波的设备。可以说没有它就没有无线通信。我们在日常生活中也会经常接触天线。比如收音机，它就内置或者外置了一个单向接收天线；再比如手机，为了能够实现双方的通话，它包含了一个双向天线。在外观上天线也是千姿百态。在有线电视普及之前电视上用的天线，有的是用一根可伸缩的长竿；有的是用两根长竿，组成一个羊角形；有的天线做成了一个环。至于室外天线则更为复杂，纵横交错的金属杆放在外面如同一只有着翅膀的飞行器。不过所有这些天线虽然表现形式不同，但都属于全向天线，因为它们并不需要特定对准某一个方向就能收到信号（比如电视天线不需要对准电视台就可以收到电视信号）。

在卫星通信中除了卫星电话等涉及移动台站的卫星业务必须用到全向天线，更多的则是采用了指向性很强的定向天线，这些天线对准着同步地球卫星，从而在地面站和卫星转发器之间建立一条稳定而高效的空间链路。使用定向天线其实是一种不得已，因为同步地球卫星距离地面遥远，无论是地面站或者是卫星转发器上发出的信号，等传到对方的时候都会有很大的损失。卫星通信中普遍采用了具备高指向性的高频率电磁波，以尽量抵消这种损失。应用定向天线也就成为一种必然。

卫星上用的定向天线被称为"Satellite Dish"，直译过来是"卫星盘子"，而在国内卫星天线也有一个形象的说法——"锅"。无论何种叫法，它指的都是卫星天线中最显眼的那个抛物面。抛物线上的每个点到一个给定焦点的距离都等于到一条给定准线的距离。如果抛物线沿着它的轴转动，形成的一个面被称为"抛物面"。如果沿着轴给这个抛物面做一个纵切面，得到的是一条抛物线，如果垂直于轴给这个抛物面做一个横切面，得到的则是一个圆。如果在这个抛物面的焦点上放置一个电磁波的源（馈源），那么它发出的信号经过抛物面反射回后都会以平行于抛物面的轴的方向向外发射。同样，相反过程也成立。这就使卫星天线要采用抛物面的理论基础。

不过，遗憾的是现实永远不会像理论那么完美。首先，在焦点上放置的馈源当然不会体积小到可以真正地当作一个点，它发射的信号经过抛物面的反射以后也只能近似地做到平行发射。其次，如果在天线的正中放置一个馈源，无形中相当于给天线和卫星之间增加了一个障碍物，这会影响到卫星通信的质量。因此偏馈天线应运而生。

▲ 卫星天线

如果我们没有近距离地观察卫星天线，就会理所当然地把卫星天线的抛物面想象成一个内凹的正圆形。这样想并没有错。因为无论是正馈天线还是偏馈天线，都是抛物面上的一个截面。垂直于轴给抛物面做横切面的话，那么得到的就是一个内凹的正圆形，这就是正馈天线的形状，在正馈天线的正中就是天线的馈源（严格的说法是在与天线中心切面垂直且过天线中心的直线上）。偏馈天线则采取了不同截取方式，给人的直观感受就是截出来的是一个椭圆而不是正圆，更重要的是它的焦点位置不是在天线的正中，而是在正中偏下的位置，这样的话馈源阴影的影响就小得多了。所以在其他条件相同的前提下，偏馈天线的实际增益要大于正馈天线。

一个做工良好的抛物面是一部好天线的基础。在此基础上我们还需要一些设备才能让我们的天线正常工作。

首先是馈源，无论是接收还是发射卫星信号都需要这个设备。其次是高频头，这个设备用来接收卫星信号。再次是上变频器和高功放，它用来发射卫星信号。

卫星天线上所用的高频头包括低噪声放大器和低噪声转换器两个部分。低噪声放大器的作用在于将接收到的微弱卫星信号放大。低噪声转换器的作用在于将接收到的高频卫星信号下变频。"低噪声"三字的意义则在于它用了特殊的技术手段来抑制信号中的噪声。

与高频头的信号接收过程相对应，上变频器负责将低频信号上变频到最终要发射的频率，高功放则负责对信号进行功率放大，并传送到馈源。对于小型天线而言，上变频器和高功放经常是由一个设备共同来完成的。

有些人可能不太理解为什么卫星天线不直接把卫星信号传给室内单元，而要做上下变频这么一件看上去有点多此一举的工作。这其中有两点原因：第一点，卫星天线上接收和发射的信号都要通过线缆来传送到室内单元，如果用高频的电磁波，那么它在线缆的传输过程中衰减会非常大，线缆过长，室内单元可能就收不到任何信号了。第二点，大多数线缆都或者不能传输高频率的信号，或者造价太高。基于此，上下变频就成了必然的选择。

对于直径好几米甚至几十米的大型天线而言，除了天线本身的造价昂贵以外，上变频器、高功率放大器等也大都价值不菲且体积不小。为了避免日晒雨淋造成的损失，更重要的是避免这些大家伙放置在天线上所带来的大面积阴影。通常会在天线的下面放置一个机房，用来安放这些设备，然后通过一根软的波导管将高功放和馈源连起来。

除了"锅"以外，还有其他类型的卫星天线，这里不作介绍并不是因为它们不重要，而只是因为它们的应用范围略狭，而且特点也不如"锅"鲜明。

（庄　力）

 ### 知识链接

卫星天线角度计算公式

卫星天线安装主要调整三个角度，按先后次序分别为仰角、方位角、高频头极化角。

方位角计算公式：$Az = \operatorname{arctg}(\operatorname{tg} X / \sin Y)$；仰角计算公式：$El = \operatorname{arctg}[(\cos X \cos Y - 0.1513) / (1 - \cos\&\sup 2; X\cos\&\sup 2; Y)$ 开根]；极化角 = X（当 X 为正值，高频头顺时针转动 X 度，反之逆时针转动）；X = 卫星经度 - 接收地经度；Y = 接收地纬度。

雁过拔毛——卫星信号在传播过程中的损失

~~~~~~~~~~~~~~~~~~~~~~~~~~~~~~~~~~~

在理想情况下，我们都希望从信号源发出的信号，能够不打折扣地被接收方收到。可惜，这只是个美好的愿望。就像一个人说话的声音，你不能指望另一个人在很远的地方也能听得明明白白。能够成功通信的底线在于，首先，要能侦测到信号；其次，收到的信号必须能够盖过背景噪音。卫星通信所面临的现实问题是：既采用了无线信号，传输的距离又特别长，信号在传输过程中更容易遭到各种"不测"而带来损失。所以我们需要正视这个问题确信能够达到通信的底线。

能量衰减是首先不能回避的问题。无论是机械波，还是卫星通信中的电磁波，只要它是在任何一种介质中传播，在传播过程中它的能量都会衰减。如果电磁波是在线缆中传播，它的衰减程度还是比较规律的，也就是说，可以方便地套用一个公式来计算它究竟会衰减多少能量。可是卫星通信中，信号在空气中传输，要想准确衡量和预测信号的衰减程度就显得比较困难。需要考虑的因素包括信号在空气中传输的距离，以及不同地段、不同时间的空气特质。随着频率的增高，信号在传输过程中的扭曲和变形就愈加明显，能量的衰减也就越大。

在卫星通信过程中，当信号在天地间穿梭的时候，它不但穿越了空气，还经过了真空。可以在无任何介质的真空中传播，这是电磁波的特性。在真空中电磁波的能量不会衰减，但是仍会有损失。因为信号并不能完美地集中向一个方向发射，它总归是会扩散的，只是扩散的程度不同而已。而与之相对的是：接收方的信号接收范围却是有限的，对于那些扩散出去的信号，由于超出了接收范围，都白白地损失掉了。我们知道，同步卫星距离地面遥远，大部分的距离都已经在大气层之外，基本可以认为是在真空之中。在卫星通信中，扩散带来的信号损失，常常会比由能量衰减带来的信号损失更为严重。因此，对于固定卫星通信来说，由于地面和卫星的位置相对固定，人们都在着力加强天线在发射信号时的指向性。其中方法有二：一是采用大尺寸的天线，这也是那些强力天线为何都尺寸巨大的原因之一；二是采用高频率的电磁波，因为高频率的电磁波的指向性要比低频率的好。不过高频率的电磁波也有一些负面作用，在空气中，高频电磁波的衰减要比低频的大。高频电磁波还会受到水和氧气的影响。尽管有这些负面作用，人们现在还是倾向于使用高频电磁波来改善卫星通信中的信号发散问题。正因为如此，Ku 和 Ka 波段的卫星通信在这些年和未来都会有快速发展，并且拥有美好前景。

噪音也是卫星通信的大敌之一。日常生活中，噪音指那些我们并不希望听到的声音，而在这里，噪音还包括那些我们并不希望收到的信号。噪音可以分为很多种类，某些噪音如同能量衰减一样，是我们无论如何也无法避免的，它的典型代表就是热噪音，因为只要温度高于绝对零度，就会有电子运动，而周围环境中电子的运动对于有用信号来说就是一种噪音。不难想象，随着温度的升高，电子愈发活跃，热噪音也随之增大。而卫星信号本身就比较微弱，热噪音的影响就更加明显。除了电子运动之外，还有多种因素可以引起噪音。某些噪音还是突发式的，比如一次突然的脉冲可能就会杀死一片数据。甚至在每年的春秋分，太阳也会成为一个巨大的噪音源。因为春秋分的时候，太阳光会直射赤道线，而同步地球卫星都是位于赤道上空的，这样太阳、卫星以及地球会处于同一条直线上。对于在地球上的卫星天线而言，在逼近正午的时候，同步卫星发来的信号，会完全淹没在太阳的光芒中，信号中断也就在所难免，这种现象被称之为"日凌"。所幸的是，日凌的影响在每天也就那么几分钟。不过即使如此，每年有关部门在日凌即将发生前，都会在媒体上发出警告，如果读者足够细心，也能观察得到。

与其他行星相比，地球的大气层与众不同，富含氧气和水蒸气，这两样东西成就了地球上生命的辉煌，而有趣的是，也恰恰是这两样东西，吸收卫星信号时也是不遗余力。水蒸气对于 C 波段及以下的电磁波并不是很感兴趣，然而 C 波段之上的电磁波就要被水蒸气大量吸收，这种"爱好"在 22 GHz 这一段会达到顶峰，之后又会有所下降。而对于 60 GHz 的这一段电磁波的吸收作用最明显，对于 30 GHz 以下的电磁波，影响要小一些。

就目前卫星通信的实际而言，水蒸气的影响要更大一些。原因有二，首先现在卫星通信广泛用到的 Ku 波段正在水蒸气的影响范围之内。而氧气所影响的频段在当今的应用相对要少。其次，水蒸气及其化成的液态水滴在大气里更加活跃，云、雨、雪、雹都有它们的参与。在夏天比较常见的强对流天气中，瞬间的大雨会严重影响卫星信号的质量，甚至会造成短时间内的信号中断。这种现象被称为"雨衰"。现今存在的一个问题是，随着今后 Ka 波段的广泛运用，雨衰对于卫星通信质量的影响会比现在更大。为此，新一代卫星通信系统引入了动态功率控制技术，当发生雨衰现象的时候会自动增加天线的发射功率，雨衰现象过去之后又可以自动把功率恢复到正常水平。

造成信号损失的因素多种多样，这里尤其需要指出的一点是，对于卫星移动业务，比如卫星电话、卫星寻呼等，它们采用了低频率的信号以及全向天线，所遇到的信号损失因素不尽相同。

（庄　力）

低成本卫星通信的解决之道——VSAT 系统

~~~~~~

如果你关注卫星通信，那么你很可能会见过一个英文缩写：VSAT。现在经营 VSAT 业务的企业也有很多。什么是 VSAT，它在如今的卫星通信中又是处于怎样一个地位呢？

VSAT 的全称是"Very Small Aperture Terminal"，直译过来就是"甚小孔径终端"。在这个略微有些拗口的名字中，最容易理解的两个字就是"甚小"，而这恰恰也是 VSAT 系统的最大意义之所在。所谓"甚小的终端"，是指这个系统中可以采用小尺寸的天线，通常，这些天线的直径会低于 2.4 米（对于普通用户而言这其实已经不小了），而随着 Ku 以及 Ka 波段卫星的普及，VSAT 天线的尺寸有进一步下降的趋势，基本涵盖在 0.9—1.8 米之间。小尺寸的天线对于降低卫星通信的成本非常有益，可以使 VSAT 系统得到广泛应用。

　　VSAT 天线的尺寸虽然小，但是仍然能够高速地接收从卫星上发出的信号。一个例子就是个人使用的卫星电视接收天线，它的直径通常都不会超过 0.9 米，但是仍然可以轻松接收到一整颗卫星上的电视节目。不过小天线也有小天线的弱点，例如它发射数据的能力就不如大天线，即所谓的"上下行不对称"。不过从某种程度上这倒是更符合现实需要，因为一般来说普通用户在使用网络的时候，无论是互联网还是互动电视，下载的信息普遍要比上传的信息多得多。因此在实际使用过程中，用户大多数时间是体会不到上行速度低带来的限制。上下行不对称的 VSAT 还是很具备实用价值的。

　　VSAT 系统包含一个主站以及分布在各个地方、星罗棋布的小站。主站采用了大尺寸的天线和高功率的功放，是 VSAT 系统的核心，具备高速数据上行的能力，并实现对小站的管理。而小站采用的是小尺寸的天线和小功率的功放，数据上行的能力有限，但是具备高速数据下行的能力。当主站需要联系小站时，主站将数据发射到卫星，卫星通过转发器将这些数据在它的信号覆盖范围内广播，只要小站在这个范围之内，就可以接收并且分析这个信号。将这个过程反推，就是小站和主站间的通信过程。所不同的是，主站向小站方向是一条高速的数据通道，而小站向主站方向则是一条低速的数据通道。

　　通过主站和小站的搭配，VSAT 系统实现了非对称型信息传输，在满足用户的实际通信需求的同时有效降低了成本。当然也有用户可能对信息的上传能力比较敏感，因此现在也有小站回传能力比较突出的 VSAT 系统，只不过这样小站成本会因此而提高。

VSAT 系统中，小站和小站之间通常不能直接通信，而是要以主站为媒介才可以。即小站 A 通过卫星将信号发到主站，主站再通过卫星将信号发到另一个小站 B。不过也有的 VSAT 系统允许两个小站间直接通信，因此这样可以提升通信的效率。

对于最终用户来说，VSAT 系统的部署非常简单。VSAT 的小站只包括两个基本单元，即室内单元和室外单元。室外单元包括卫星天线、高频头、功率放大器等，它们负责接收和发射卫星信号、信号和功率放大、上变频和下变频等。室外单元通过线缆连接到室内单元，室内单元可以是一台独立的设备，或者是一台插接了卫星接收和发射卡的普通电脑。室内单元要做的工作其实也很多，包括卫星信号封装和解封，卫星信号的调制和解调等等。但对于普通用户而言，他们不需要知道这里面的工作细节，如果应用 VSAT 系统上网，所要做的就是首先保证卫星天线能够牢牢地对准卫星，而且在它和卫星之间没有遮挡物。其次为连接室内和室外单元铺设两条线缆，一条用来接收，一条用来发射，不过线缆不能太长，否则信号衰减会比较严重。最后，拿一根网线，插进室内单元的网线接口，这样就可以将本地的局域网接入到整个 VSAT 网络。VSAT 小站的安装省时省力，比铺设地面网络要方便很多，而且由于同步卫星的覆盖范围很广，VSAT 网络可以深入到很多地面网络难以进入的地方。

随着新一代的宽带卫星一步步从纸面走向现实，VSAT 系统也因此获得了更多的发展机遇。宽带卫星应用了许多新鲜的技术，可以将卫星的系统容量较之传统卫星提升 20 倍。尽管宽带卫星的造价比传统卫星明显要高，但是就单位频率资源的费用还是比传统卫星要低廉许多。宽带卫星还开始大量采用 Ka 波段的转发器，因为 Ka 波段的电磁波指向性比现在的 Ku 波段更好，小站能拥有比以前要强的信号上行能力，同时也使得进一步缩减天线的尺寸成为可能。

相信随着时代的发展，VSAT 系统也将与时俱进，发挥重要作用。

（压　力）

双星闪耀——中国的北斗导航定位系统

~~~~~~

　　随着 2003 年 5 月 25 日，我国的长征三号甲运载火箭将第三颗"北斗一号"卫星送入太空。我国自行研发的北斗导航定位系统已经顺利完成部署。此次发射的卫星是前两颗卫星的备份星，它的两位"老大哥"已经分别在 2000 年的 10 月 31 日和 12 月 21 日发射升空。

　　北斗导航定位系统是我国一个了不起的成就。因为现在世界上的卫星定位系统，除了最广泛使用的美国 GPS 以外，只有俄罗斯的 GLONASS 和中国的北斗，以及欧洲航天局正在规划中的伽利略系统（中国也参与了伽利略计划）。

　　说起北斗，人们总是习惯性地称它为"中国人的 GPS"，这句话其实只说对了一半，北斗在功能和工作原理上的确和 GPS 有相似之处，可是又有相当多的不同。

因为它是一个区域性的定位系统，主要是为国内的用户服务的。无论 GPS、GLONASS，还是 GALILEO（伽利略），都是全球性定位系统。

北斗导航定位系统，只使用了两颗卫星进行定位服务。这两颗卫星也不同于 GPS 系统所采用的中距离轨道卫星，而是两颗同步轨道卫星，同时也被称为静止卫星，分别位于东经 80 度和东经 140 度，彼此形成一个 60 度角（备份星位于东经 110.5 度）。

只用两颗卫星，定位起来自然会遇到更多困难。北斗用两颗卫星所绘制的两个假想球相交后最终得到的是一个圆，现在需要寻找第三个球，在缺少第三颗卫星的情况下，这个球就由地球所代替，由于地球并不是一个完整的球，而是一个不规则的椭球体，这样就需要测绘部门通过精确测绘，让这个符合实际地理情况的椭球体同北斗定位出的圆形相交，得出两个点，其中，位于赤道以南的那个点可以被自动放弃，因为北斗只是一个区域性定位系统，它的主要服务范围是在中国的国内。

基于以上原理，我们来看看北斗具体实现定位的过程。

北斗系统包括一个中心控制系统，两颗定位卫星以及终端用户。中心控制系统不断地向两颗卫星发送询问信号，两颗卫星将询问信号通过卫星转发器向服务区内的所有用户进行广播。需要定位服务的用户终端收到其中任意一颗卫星的询问请求后，都会同时向两颗卫星发出响应信息。这个信息由卫星转发，再返回中心控制系统。中心控制系统收到响应信息后，就可以计算出用户距离两颗卫星的距离。

这个计算过程并不复杂。由于北斗两颗卫星都是处于同步轨道的静止卫星，对于地面来说它们的位置相对固定，电磁波从卫星传送到中心控制系统所花费的是一个固定时间。响应信号从用户位置到中心控制系统所花费的时间，减去之前卫星到中心控制系统的固定时间，就是响应信号从用户位置到卫星所花费的时间。粗略地说，这个时间乘以光速就是用户同卫星间的距离。

现在我们得到了用户同两颗卫星间的距离，下面就是已经熟悉的过程，即画两个假想的球。在运算过程中，北斗系统也有可能采用另外一种计算方法。因为用户距离两颗卫星的距离是已知的，这两个距离之和也就是已知的，因此可以绘出一个以两颗卫星为焦点的椭球体，让它与以某一颗卫星为球心的球体相交。不过无论是采取哪种计算方式，其原理都是一样的，最终得到的都是一段闭合的圆弧。

这些圆弧与地球两个交点之中的赤道以北的交点就是用户所在的位置。但是地球并非是一个规则的圆，因此当需要精确定位时，就需要额外的信息，这就是北斗系统中的关键部分，中心控制系统通过它自身存储的一张详细的数字化地形图，该地图通过精确的测绘，描述了不同地点在海拔高度上的信息，用它与之前的圆弧对照，最终可以计算出用户较精确的三维坐标。这个坐标最终通过卫星再告诉给用户。可见，在北斗定位导航系统中，中心控制系统起到了一个至关重要的作用，高位信息由它提供，最为繁重的计算工作也是由它承担的。

北斗卫星定位导航系统是我国科学工作者的杰出成就，但也应该看到它的不足，即：1. 覆盖范围不足，只是一个区域性定位系统。2. 需要有中心控制系统的支持才能定位，而且对数字化电子地图的要求比较高。如果没有精准的测绘，就不会带来准确的定位效果。北斗的实际覆盖范围已经超过了中国本土，但是由于境外的详尽地图资料难以掌握，实际上影响了北斗系统的应用（除了在海上，因为海上的海拔高度为零）。3. 终端需要发射信号，这不利于降低终端的体积、功耗以及成本。4. 用户终端和中心控制系统的协同工作方式，带来了用户容量的问题。因为卫星的转发器资源是有限的，用户到达一定数量就有可能带来信号阻塞。5. 实时性比较差，因为北斗卫星属于同步卫星，延时本来就相对较大，定位时信号从用户到中心控制系统再回到用户，其间都要通过卫星，而中心控制系统在处理数据时也要耗费时间，如果用户处于高速移动状态中，定位的效果就比较差。不过北斗系统也有自己的特点，因为它工作的时候需要用户进行信息回馈，天生就具备了传输数据的功能，这一点是 GPS 系统所不能及的。

（庄　力）

天空中的网络——移动卫星星座系统

～～～～～～～～～～～～～～～～～～～～～～～

　　为了卫星能和地球同步，把卫星发到将近 36 000 千米的高空，在享受了它所带来的便利的同时，也遇到了如下的困难：

　　1）信号在穿越了将近 36 000 千米的距离以后，损失会非常严重。

　　2）同步卫星的信号不能完全覆盖地球。南北区是它不可避免的盲区（有兴趣的读者可以自行想象同步卫星和地球之间的几何位置关系，这一点就不难理解了）。

　　3）在日常生活中我们很少会感到信号在传播过程会需要时间，这是因为信号的传播距离不够远。然而同步卫星距离地球遥远。信号上天入地一个来回就需要 72 000 千米，即使是光速，走完这段路也需 1/4 秒。所以同步卫星通信时的延时比较大。对于某些应用，比如卫星电话，这是不太招人喜欢的——客户当然希望自己说的话对方立刻就能听到，而不是花上一段时间。

近地卫星和中距离卫星的对地距离要比同步卫星近得多，不太会遇到上述这些困难，但同时也无法享受到同步地球卫星所带来的便利。近地卫星的轨道高度通常低于 2 000 千米，延时小于 20 毫秒，卫星绕地一周只需要一个半到两个小时。相对于地面而言，这是一个非常高的速度。由此造成的多普勒效应非常明显（简单地说多普勒效应，是指当一个波源向我们移动的时候，我们所观测到的它发出的波的频率会升高，反之则降低。其实我们在火车进出站的时候就可以体会到多普勒效应：远处的火车作为声波的波源，它向我们靠近的时候，发出来的声波频率就会升高，结果就是我们听到了非常尖锐的噪音。当火车远离我们的时候，由于声波的频率降低，声音就要相对低沉）。对于近地卫星而言，卫星本身是一个波源，当它向地面的天线靠近的时候，会使接收的频率升高，反之则会下降。近地卫星通信系统必须要能够适应多普勒效应。不仅如此，近地卫星由于贴近地面，它的信号覆盖范围非常有限，通常直径只有 8 000 千米。对于地面上的一个固定点而言，某一颗特定卫星的可见时间只有 20 分钟，这一切就意味着如果要建立一个能够实现大范围、全天候信号覆盖的近地卫星通信系统，需要将许多近地卫星组织在一起，形成一个卫星星座。顺便说一句，中距离卫星同样需要组成星座，不过中距离卫星由于离地面距离较远，覆盖范围相对较大，所以不需要像近地卫星星座那样多的卫星，比如美国的 GPS 系统，它只用 24 颗卫星就可以很好地覆盖全球（不过 GPS 卫星的轨道高度比标准的中距离卫星要高）。总之，虽然中距离卫星有不少优点，但其缺点也是很明显的，所以实际应用不是很多。

由于近地卫星距离地面近，信号损失要比同步卫星低得多，因此包括卫星天线在内的接收和发射单元做得很小，还可以采用全向天线。全向天线不需要严格指向卫星，即使地面站移动起来也可以和卫星通信。小尺寸的卫星终端便于携带。因此，就出现了以卫星电话、卫星寻呼、短数据传输为主要业务的卫星星座系统。包括 Orbcomm、Globalstar（全球星）以及最有名的 Iridium（铱星）。

Orbcomm 的业务范围包括短数据传输、E-mail 等等，但并不具备语音通信功能。全球星和铱星的主营业务是卫星电话，同时也能传输短数据。虽然全球星和铱星的功能类似，但是在技术层面却大不相同，在某种程度上可能更接近于 Orbcomm。它们的共同特点是，星座中的各个卫星功能比较简单，就像是一个会反射信号的镜子。用户的移动台站的任务就是，把信号发到这些"镜子"上，这些"镜子"再把信号反射到就近的地面关口站，地面关口站有很多个，分布在各个地区，彼此之间连成一个地面网络（同时这个网络又与公共通信网相连，这可以使得转动台站和公共通信网络相连通）。在信号到达地面关口站以后，基本上就是属于地面通信的范畴。这种通信方式的技术含量相对较低，业务覆盖范围也会受到地面关口站的限制（因为单个地面关口站只能支持邻近地区的业务通信），以至于全球星其实不能覆盖全球。但是从另一个角度说，却可以有效地降低整体的通信成本。

铱星系统则与之不同。铱星系统中的地面关口站仅用于与公用通信网实现互联互通，而两个铱星手机间的通信并不依赖于它，因为铱星系统支持星间链路，即它的卫星间可以不通过地面直接发射和接收信号，这样一颗卫星收到了手机传来的信号，即使附近没有地面关口站，它也可以直接把信号传送到另外一颗卫星上去，一步一步地，最终到达地面，这使得铱星网络克服了地面关口站的限制，成为迄今为止唯一真正可以覆盖全球的电话系统。不夸张地说，铱星就是横亘在我们上空的一套完整的通话系统。

先进的技术并没有给铱星带来成功。当1998年的11月，66颗低轨卫星发送上天，铱星系统正式运作的时候，它已经耗掉了投资者们50亿美元，并且预期需要40万用户才能达到收支平衡，可是直至2000年3月铱星都只有5万用户，收入所得甚至远不能够维持系统维护的开销。最终原铱星公司仅以区区2500万美元的价格就被收购，而新组建的铱星公司得到了美国国防部支持，至今仍在运作。毕竟铱星系统还有它的过人之处。在铱星这个案例中，最大的输家是最初的计划发起者，同时也是最大的项目承包商——摩托罗拉公司。

在铱星进行规划和部署的同时，还有很多卫星星座

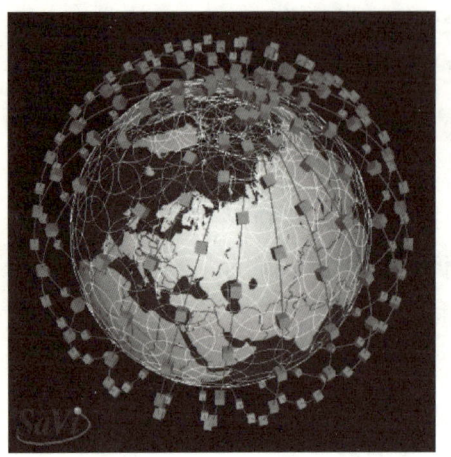

▲ 规划中的
Teledesic，其中左
图为 288 颗卫星，
右图为 840 颗卫星

计划。其中有些以进行宽带数据传输为主要业务。比如
Teledesic 和 Skybridge，它们都支持地面站 2 Mbps 的数
据上传。其中 Teledesic 是个雄心勃勃的计划，在最初设
计之时，它是一个包含了 840 颗卫星的鸿篇巨制，后来
被缩减为 288 颗。Teledesic 也同样融合了很多先进技术，
它像铱星一样支持卫星间的链路，地面站和卫星间用的
是 Ka 波段。它的计划投资则比铱星更多，达到 80 亿美
元。这足以让投资者感到巨大风险，Teledesic 计划已经
基本处于停滞状态。同样，由阿尔卡特主持的 Skybridge
计划进展得也不顺利。事实上，很多人都承认卫星星座
在某些方面是地面网络和同步地球卫星所难以取代的，
不过恐怕短时间内人们是不会看到头上有灿烂的卫星星
座掠过了。

（庄 力）

来自空中的问候——东方明珠

来上海的朋友一定会到浦东一睹雄伟的东方明珠广播电视塔的风采。这座位于上海市浦东新区陆家嘴、建于20世纪90年代的著名建筑，以其468米的高度位居亚洲第一、世界第三，并用它的独特设计诠释了"大珠小珠落玉盘"的意境，它是上海最具特色的标志性建筑，也是登高欣赏上海美景的绝佳所在。在赞叹之余，您可能会问，为什么要在大上海寸土寸金的陆家嘴建设一个这么高的塔？仅仅是为了观光？回答当然是否定的，其实高大的东方明珠广播电视塔每时每刻在向您传送着温馨的问候——丰富多彩的电视节目和生动活泼的广播内容。

东方明珠广播电视塔是如何传递这份问候的？

广义的广播是指通过无线电波或导线（电缆、光缆）传送信息的大众传播媒介。由于无线电波传导中如果有阻挡的话，信号质量会有明显变化，所以，通常广播电视发射塔会建得很高，以尽量避免其发射天线和用户接收天线之间的通道被阻挡。按照传送信息的形式，可分为声音广播、电视广播（图像和伴音）和数据广播。这三种广播在东方明珠广播电视塔上都有使用，为上海市的百姓生活带来方便和快乐。

先来看看广播。我们通常说的广播指的是声音的广播，世界上第一座无线电广播电台于1920年11月在美国匹兹堡正式开通，而我国的无线电广播则始于1923年。在无线电广播中，为了传送可靠，通常必须用声音信号对高频振荡（通常称为载波）的幅度、频率或相位进行控制，使之随声音信号的变化而变化，这个过程称为"调制"，按调制的方式不同，无线电广播可以分为调幅广播和调频广播。目前，使用较为广泛的高保真声音广播为调频广播，采用双声道，立体声，让听众有身临其境的美妙感受。

无线电广播的发射系统通常由以下几个部分组成：高频部分——用来产生和放大供发射的高频振荡；节目处理部分——对传送节目信号进行一系列处理并使之与高频部分结合起来；馈线和天线部分——传送发射机输出的高频信号，通过天线向空中发射；电源和控制部分——实现对发射机各部分供电和控制；以及冷却部分——用来调节发射机温度，保证安全播出。

东方明珠就是通过这一系列的信号处理，将美妙声音以无线电广播的方式传向空中，老百姓通过半导体收音机，将接收的信号还原放大，就可以听到各类节目了。

电视广播。电视广播在我国始于 1958 年 7 月 1 日，当时的电视还是黑白的，黑白电视的播出在我国持续了大约 20 年。那时的电视采用直播方式，就是在拍摄地点，将播音员或演员的节目即时地拍摄下来，经过处理，将活动画面转换为电信号，再经电视台工作人员筛选处理后实时地将一路图像信号送往广播电视发射塔，通过这些身高几百米的发射天线以无线电波的方式辐射四面八方。老百姓家中的电视机通过自身的天线和高频接收装置，收到发自广播电视发射塔的信号后，经由电视机的一系列处理电路，将电信号还原成拍摄现场的图像和声音，这样，远在几千米外的活动图像和声音就活灵活现地展现在人们的家中。

随着技术的发展，到了 20 世纪 60 年代，世界上出

◀ 东方明珠

现了彩色电视广播，我国于 1973 年在北京开始了彩色电视的广播。彩色电视的广播在世界上有三种不同的制式标准，分别是 NTSC、SECAM 和 PAL，各国选用的标准不一，我国采用的是 PAL 制式标准。为了满足老百姓收看各个国家电视节目的需要，我国的电视机生产厂商推出了全制式电视机，通过这种电视机，人们可以收看所有三种制式的电视节目。

另一项重要的技术突破是磁带录像机技术。这种技术的大规模应用，使得电视台可以将先期拍摄好的节目录制下来，通过编辑加工后，制作出完好的节目磁带，再把磁带按顺序排好，依次播出。这种称为"录播"的方式的出现，使得电视节目的内容不再受时间、空间和地域的限制，内容也更加丰富多彩。到了 21 世纪，计算机和网络技术的蓬勃发展，更进一步深化了录播技术，现代化的电视机构，已经将高质量的电视节目灌录到大型硬盘数据库中，使用高性能的媒体管理软件，非常灵活地编排播出串联单，精确地按照导播的要求进行节目传送和播放，并能实时记录播出的所有信息。

无线电频率资源是一个国家战略安全重要的组成部分，我们国家对于无线电频率有着非常严格的管理。通常，电视的广播和声音的广播占用着各自的播出频段，广播频道之间、电视频道之间有着充足的保护频道间隔，决不会互相干扰。

电视广播的信号发射与声音广播有着很多相似之处，其发射原理大致相同，所不同的是，电视广播由于要将活动的图像进行处理和传送，所占用的频带资源要比声音广播大，电视广播频率通常也要更高一些，并且电视广播同时还带有与电视画面同步的声音信号，相对而言，接收并还原电视图像以及声音信号的电视机，比还原声音广播的半导体收音机复杂得多。

进入 21 世纪，广播电视的技术逐步发展到了数字时代，传统的模拟技术正在被数字技术逐步取代。在东方明珠上，数字化的改变也在悄悄进行，广播电视信号的传送逐步采用数字化信号格式，广播电视信号的发射也在逐步遵循数字广播的标准和要求，其中声音的广播称为"数字音频广播—DAB"，电视的广播称为"数字视频广播—DVB"。在一些大城市，一些专用的收音机已经可以听到高保真多声道的数字音频广播。一些公交车上已经可以看到实时的电视节目。数字化正在慢慢改变人们的视听享受。

广播的第三种方式，数据广播也随着数字化的大潮在影响着人们的生活。所谓数据广播，就是在声音、电视广播的频带资源空余位置，插入数据信息，也可以经国家主管部门允许使用特种频道，独立发送数据信息，而在用户那里只需配备专用的设备读出这些数据就可以了。数据广播具有时效性强、覆盖面广、传递及时等优点，已经广泛应用于股市信息、天气信息和金融信息等的发布。

（鲁　意）

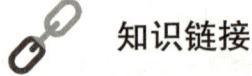

知识链接

网络广播

　　网络广播应该说是一种网络流媒体，它通过在 Internet 站点上建立广播服务器，运行特定软件再把节目传播出去，我们通过在自己的计算机上安装和运行广播接收软件连接这些站点，然后就可方便地收听广播节目，还可阅读广播信息。

　　在宽带网络技术日新月异的今天，网络广播实现相对容易，设备投资相对较少，具有先天的优势，世界各国媒体竞相发展网络广播。经过短短几年的发展，据不完全统计，目前全球在因特网上的视频广播网站有 3 400 多个，使用 RealPlayer 系统的音频广播网站有 3 600 多个；每周播出 6 000 小时以上视 / 音频新节目，2 300 小时以上的点播节目。

穿越时空的温馨——电视节目播出系统

〜〜〜〜〜〜〜〜〜〜〜〜〜〜〜〜〜〜〜〜〜

　　人们能在电视屏幕上看到丰富精彩的节目，是因为在电视台内有个播控中心，所有的电视节目就像火车站里的列车一样，从这里源源不断地发送出来，使人们安坐家中就能收看到这些节目。

　　播控中心作为电视节目播出的核心，有着相应的技术手段保障着正常的运作，主要有总控系统、播出系统。

　　总控系统里面有很多信号切换开关，在电视台里相当于一个枢纽站，决定着电视信号在电视台内部的各种调度方向，包括送入台内的节目源和送出台外的各种节目。比如每晚 19:00 各地电视台会转播中央电视台一套的《新闻联播》节目，就需要在 19:00 准时将央视一套的节目送给本地频道，而当 19:30 节目结束后又准时把央视一套的信号从本地频道中断开，并恢复本地电视台的节目在这个频道中的播出。这就像火车站在调度列车进站和出站一样。

　　而播出系统则相当于是一个货站，只不过这里只装不卸，而且装载的货物是各种电视节目，各个时间段就像从车站待发的列车。在播出系统中一般会设置多台磁带录像机，这些录像机互相接力，轮流工作，在任一时刻只有一台处于工作状态，其余的录像机则处于待命状态，为自己分配到的待播出节目做准备。由于每个电视台获得的频道资源有限，所以在录像机播出的时间安排和任务分配上必须稳妥协调，保证不同录像机间播出的节目能衔接起来，因此在电视台内部都会预先制作一张节目播出表，以精确安排每段时间该播出什么节目。

　　在播出系统中，一般而言一盘磁带对应着一段节目，将多盘磁带组合起来就构成了某个时间段完整播出的内容。在现代播出系统中，广泛使用了自动化控制技术，只需将每天的播出时间表和每盘磁带对应的条形码等信息输入控制程序中，并在规定的某个时间前将有关节目带交给自动播出设备就可以了。在自动播出过程中，控制程序会自动检查下一时刻准备播出的节目和磁带准备情况，并由自动播出设备中的机械手自动找出这盘磁带并插入准备播出的录像机中，一旦当前节目播完，马上能有新的节目跟上。而且自动播出系统一般还设有延时播出的功能，以满足电视台中可能的推迟播出需要。

　　随着计算机技术的发展，播出系统中也出现了许多新式武器，比如完全由硬盘组成的视频服务器，这些利用计算机原理制成的设备，可以避开磁带播出时必须循序渐进的缺陷，能随时调出某个节目或者节目的片断用于播出，具有更灵活的特点。

在这些技术系统的支持下，电视节目实际播出时，会遵循不同的播出模式。最常见的是利用播出系统实现录播，比如某个影视频道，所有节目都是预先制作好的，那么电视台工作时，只需要告诉播出系统每天播出的节目和起始、结束时间。在规定时刻到来时，就可分毫不差地完成播出任务。

另外一种是直播，就是把摄像机在演出现场拍摄到的电视信号直接播出来，比如香港回归的现场直播、每年的春节晚会节目等，这时需要总控系统和播出系统协同工作。直播开始时，在自动控制或人工操作下的总控系统会发出命令，把本地频道与现场信号源接通，这样我们在家里就看到了直播画面，如果直播时有多个摄像机提供信号源，我们还可以随着导播的信号切换看到不同的镜头；而当播出结束时，总控系统再次发出命令，把本地频道与现场信号断开，恢复传送来自播出系统的电视节目。

在直播过程中，经常需要插入一些资料片，比如《新闻联播》中当播音员念完一段新闻稿后，视频新闻就会立刻呈现给大家，这是因为导播会按照节目的进展需要随时用录像机播出资料片来。在直播时还经常遇到节目需要延长的问题，这样原先的播出时间表就会被打乱，就需要在播出系统的配合下进行人工控制。

由于条件限制，目前电视台播出的节目还只能是你播我看的形态，观众只能被动选择正在播出的节目，无法做到按照自己的喜好和合适的时间来安排电视节目。随着现代通信技术和多媒体技术的出现，现在在交互电视技术已经实现了观众的这种要求，这就是"视频点播"业务，在开通这项业务的地方，观众可以按照自己的意愿来决定收看的时间和选择收看的节目，把遥控器的控制范围延伸到了电视播出领域中，真正做到自由自在地收看电视。

（吴　坚）

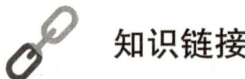

知识链接

视频点播网络系统

包括主干网络和本地网络两部分。因为它负责视频信息流的实时传输，所以是影响连续媒体网络服务系统性能极为关键的部分。同时，媒体服务系统的网络部分投资巨大，故而在设计时不仅要考虑当前的媒体应用对高带宽的需求，而且还要考虑将来发展的需要和向后的兼容性。当前，可用于建立这种服务系统的网络物理介质主要是：有线电视的同轴电缆、光纤和双绞线。

电视机畅游信息世界的神驹——机顶盒

机顶盒 STB（Set Top Box）起源于 20 世纪 90 年代初，当时在欧美作为保护版权和收取收视费的重要手段，有线电视台在每台用户电视机之前加一个密钥盒，只有交了费的用户才能正常收看电视，这就是最初的机顶盒。

20 世纪 90 年代中期，国际互联网在全世界快速发展和普及，人们萌发了用电视机上网的想法，于是具有 Internet 功能的机顶盒出现了。当时，计算机和网络厂商都期望因特网机顶盒能成为新的家用电器，市场炒作曾经几起几落，但始终未成气候。

对于机顶盒，目前没有标准的定义，传统的说法是"置于电视机顶上的盒子"。它是利用有线电视网络作为传输平台，电视机作为用户终端，以提高现有电视机的性能或增加其功能。由于功能和用途不同，使得"机顶

盒"这个概念有些模糊不清，如早期的增补频道机顶盒、图文电视机顶盒、付费电视机顶盒等。

数字电视机顶盒接收各种传输介质来的数字电视和各种数据信息，通过解调、解复用、解码和音视频编码（或者通过相应的数据解析模块），在模拟电视机上观看数字电视节目和各种数据信息。以有线数字电视机顶盒为例，其工作原理如下：高频头接收来自有线网的高频信号，通过解调器完成信道解码，从载波中分离出包含音、视频和其他数据信息的传送流。传送流中一般包含多个音、视频流及一些数据信息。解复用器则用来区分不同的节目，提取相应的音、视频流和数据流，送入解码器和相应的解析软件，完成数字信息的还原。对于付费电视，条件接收模块对音、视频流实施解扰，并采用含有识别用户和进行记账功能的智能卡，保证合法用户正常收看。解码器完成音、视频信号的解压缩，经视频编码器和音频数字转模拟变换，还原出模拟音、视频信号，在常规彩色电视机上显示高质量图像，并提供多声道立体声节目。

数字电视机顶盒的基本功能是接收数字电视广播节目，同时具有所有广播和交互式多媒体应用功能，包括：（1）电子节目指南（EPG）：用户可以通过该功能看到一个或多个频道甚至所有频道上近期将播放的电视节目。（2）高速数据广播：它能为用户提供股市行情、票务信息、电子报纸、热门网站等各种信息。（3）软件在线升级：它可看成是数据广播的应用之一。数据广播服务器按 DVB 数据广播标准将升级软件广播下来，机顶盒能识别该软件的版本号，在版本不同时接收该软件，并对保存在存储器中的软件进行更新。（4）因特网接入和电子邮件：数字机顶盒可通过内置的电缆调制解调器方便地实现因特网接入功能。（5）支持交互式应用：视频点播、互动游戏等。（6）有条件接收：有条件接收的核心是加扰和加密，数字机顶盒应具有解扰和解密功能。

数字电视机顶盒的功能越来越丰富，人们除了用它收看最新的数字电视节目以外，还可以获得互动电视、数据浏览等服务。随着数字电视时代的来临，机顶盒的功能得到了迅速发展，越来越多的运营商和设备厂商着眼于机顶盒上新技术的利用和新业务的开发，以提供给观众一种全新的收看电视节目的方式，PVR 机顶盒正是在这种背景下应运而生的。

PVR 的全称是 Personal Video Recorder（个人视频录像机），它的突出特点是以硬盘作为存储媒介，建立本地的海量缓冲区和巨大的节目存储库，利用数字化处理技术，实现对节目的控制和管理。数字化和存储技术是PVR 技术的核心，在这个基础上对节目进行灵活的节目编辑和录放控制。PVR 技术和数字电视机顶盒结合而产生的 PVR 机顶盒，将两种先进的技术完美地结合，带来了数字化的精彩纷呈和互动的随心所欲，将老百姓的电视生活更向前推进了一步。

数字电视机顶盒不仅是用户终端，也是网络终端，它能使模拟电视机从被动接收模拟电视转向交互式数字电视（如视频点播等），并能接入因特网，使用户享受电视、数据、语言等全方位的信息服务。随着数字技术、多媒体技术和网络技术的发展，数字电视机顶盒功能将逐步完善，尤其是单片 PC 技术的发展，将促使数字电视机顶盒内置和整个成本下降，让大多数用户在普通模拟电视机上实现既能娱乐，又能上网等多种服务。

（朱振华）

走近高清新视界

~~~~~~~~~~~~~~~~~~~~~~~~~~~~~~~~~~~~~

　　我国和欧洲大部分国家现在能够收看的彩色电视被称为标准清晰度电视（以下简称标清电视）系统，起步于 20 世纪 50 年代，其视频信号的带宽只有 6 MHz，只能达到早期的 16 mm 电影胶片的效果，即在一个宽度和高度符合 4∶3 比例的屏幕上提供 575 线的清晰度（这就是常说的 DVD 画面质量）；同时只提供左右立体声效果伴音。美国和日本的标清电视系统也与此相类似，只不过他们的视频信号带宽更小，所能提供的清晰度只有480 线。

　　高清晰度电视的概念是 20 世纪 70 年代由日本提出的，目标是达到 35 mm 电影胶片的效果，即以这个电视系统的显示屏高度为标准距离，在离开显示屏三倍距离的位置上，一个视觉正常的观众收看到的电视图像，应具有观看原始景物或表演时所得到的质量，具体的指标包括 16∶9 的画面宽高比、多声道环绕立体声、水平和垂直方向的清晰度达到现有电视系统的两倍。这样的高清晰度视频信号带宽达到了 20 MHz，这就意味着由于视频信号带宽的增加，在扩大视频画面大小的同时能携带更多的画面细节，使得电视节目更清晰逼真。

由于高清电视在起步阶段就注定要向下兼容传统的标清电视节目，因此传统的一些电视概念直接影响到了高清电视系统参数的制定。比如我国高清电视的节目参数主要有：每帧高清电视图像由 1 080 个有效行组成，每行有 1 920 个像素点，这样就满足了 16∶9 的画面宽高比，也有利于计算机对高清图像的直接处理，同样采用 25 帧的隔行扫描系统，被标记作 1 080/50 i。如此，观众正好可以看到在水平和垂直方向上高清电视可以提供 2 倍于标清电视的清晰度。

在国际上还广泛使用另外一套节目参数，即每帧高清电视图像由 720 个有效行组成，每行有 1 280 个像素点，采用逐行扫描系统，这被标记作 720 P，这样的图像质量正好介于现在的标清节目和 1 080 角秒之间，主要出发点是牺牲一定的图像清晰度来有效降低图像的数据量。

可以看出 1 080 i 图像由于每帧图像的像素更多，可以提供质量极高的精致画面质量，720 P 图像由于每秒钟具有更多的画面，因而更适合拍摄运动中的场景。

由于高清电视节目占用的频带资源是传统电视信号的好几倍，如果和过去一样直接采用模拟信号方式传输，无论是制作播出机构的电视设备，还是用户家庭的电视接收设备都将会变得极其复杂，而且模拟传输方式所固有的技术缺陷，将使用户接收到的信号质量较差，高清晰度的优点无从体现。日本在 20 世纪 80 年代的一系列实验就证明了这一点。

在成功对标清电视实现数字化改造后，人们将这一操作理念引入到高清晰度电视领域。因为数字化以后的电视信号是一连串的"0""1"符号，在传输、存储或处理过程中不易受到干扰，是一种理想的选择。在演播室和制作领域首先出现了数字化的设备，但由于数字化的高清电视信号每秒的数据量达到了空前的 1 485 Mbit，在演播室中直接使用虽然没有问题，但还是不能经济、高效地把高清电视节目传送到千家万户。因此，人们急需一种新技术。

在 20 世纪 90 年代活动图像专家组（Motion Picture Experts Group）制定了一条涵盖标清电视和高清电视传送和存储的数字化之路。其理论源于乍看之下电视的图像信息很丰富，但图像之间每时每刻都有一定的关联性，即前后电视画面中的内容之间通常有很多都是重复的，只要人们找到办法进行特殊处理，在显示第二幅画面时能尽可能多地利用第一幅画面中已有的图像信息，这样就可以在保持节目画质的同时，把传送电视图像所必需的信息量降到最小。

在这种思路的指导下，经过人们多年的努力，最终形成了国际性的 MPEG 标准体系，并研制出了大量的编码设备。现在的 MPEG-2 编码技术可以成功地将传送高清电视节目所需的信息压缩到原始数据量的 1/50 左右，而最新的 MPEG-4 等编码技术更胜一筹，只需大约 1/100 的数据量就可以传送这些高清电视节目，还原后的图像质量只比原始图像略有降低。这样，就使得高清电视的应用成本大大降低，大规模推广高清电视成为可能。比如传媒产业发达的美国和欧洲都已经利用卫星开始播出高清电视节目，包括新制作的各类科教专题片、体育节目、现场文娱节目等。

我国也在积极发展高清电视产业，在相关的技术标准、设备研制和节目拍摄上都在作积极准备。不远的将来我们就可以在家里尽享高清电视带来的视觉体验，拥有真正属于自己的家庭影院已经为期不远。

（吴　坚）

镜头背后

〜〜〜〜〜〜〜〜〜〜〜〜〜〜〜〜〜〜〜〜〜〜〜〜

现代摄像机是利用光学原理和电子技术来工作的，它先用光学部件将景物等投射到光电转换器件上，由后者生成与图像对应的电流，并对电流形式的图像信号进行处理后传送给图像监视器，使其还原出所拍摄的景物，或者送入录像设备以长期保存。

自然界的颜色可以用亮度、色调和饱和度来表示，亮度表示某种色光对人眼的刺激程度，色调反映各种颜色之间的特征差异，如红、橙、黄、绿、青、蓝、紫，饱和度反映颜色的浓淡深浅程度；同时人们发现只要选择合适的三种基色，就可以混配出自然界存在的一切颜色，包括其亮度、色调和饱和度。

这样就建立了彩色电视的光学原理——三基色理论。实际使用中，人们选定了红、绿、蓝作为三基色。

当前广泛使用的光电成像器件是 CCD（光电耦合器件），它是随着现代电子技术和半导体技术的发展而出现的，其利用了光在 MOS（金属-氧化物-半导体）电容器件中的光敏效应工作。

在 CCD 器件中，有着几十万甚至几百万个单元，它们对应着图像中的每个像素，可以产生、存储和转移与入射光对应的电荷。

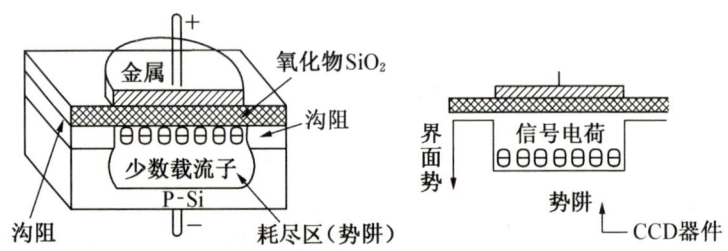

制作 MOS 器件时，首先在半导体硅衬底表面上生成一层较薄的二氧化硅，再在二氧化硅表面蒸镀上一个金属层（或能导电的多晶硅层），这就是一个 MOS 电容器件。如果在金属电极加上适当的正电压后，基于半导体导电特性，这时衬底中的电子（即图中的少数载流子）将被吸引到硅衬底与二氧化硅接触面的附近，这个带负电的区域就是图中的耗尽区（也叫势阱）；而衬底中的硅原子失去电子后就形成了带正电荷的空穴（多数载流子），并在金属电极的正电压排斥下空穴（非原子）不断聚集到衬底深处，在耗尽区中将没有可动空穴。这样，只要外加的正电压保持不变，电子就能一直存储在耗尽区中。

当有光线投射到 MOS 电容器上时，光子会穿过透明电极及氧化层直接进入衬底，由于光子携带了一定的能量，将使具有光敏特性的衬底产生电子空穴对，这时在外电场的作用下，电子进入耗尽区并存储起来，空穴移向衬底并消失，这就形成了信号电荷。由于 MOS 器件中生成的信号电荷数量与入射的光照强度是成比例的，因此只要把多个 MOS 器件上的电荷组合起来，就能形成与光图像对应的电图像。

对于 MOS 电容器件，只要周期性地改变所加载的电压，就可以完成正常的电容器充电 / 放电过程，光照而产生的电荷也就可以转移到其他电路中去。

在一块 CCD 器件上纵横排列的这些 MOS 电容器件，直接反映着摄像机工作时的各种特性，进而影响到摄像机的整体指标，所以人们除了选用高质量的 CCD 器件，还在光线通过镜头后用分光镜将红、绿、蓝三基色分离开来，并同时使用三块独立的光电成像器件，以分别形成三个基色光所对应的电图像。

这时得到的电视图像是由三基色信号混配而成，在特定的光源条件下，三基色信号要满足一定的比例关系才能真实反映所拍摄景物的各种色光。而在摄像机中，由于多种器件共同作用的结果，无法达到理想的比例关系，因此需要采取电子校正的方法进行人工干预，强制摄像机输出的三基色信号保持在一定比例。

这样在使用摄像机时，当拍摄场景的光源发生变化后，会相应引起三基色信号之间比例关系的破坏，从而造成图像的偏色现象。

　　为了解决这个问题，在正式拍摄前，需要拍摄现场光源条件下的纯白物体（如白纸等），对摄像机内部电路进行校准，使摄像机输出的三基色信号比例调整到新的工作状态，达到与拍摄现场的自然光一致。这一过程就是白平衡调整。

　　此外，还需要解决摄像机在拍摄黑色物体、在光线较暗条件下如何拍摄清晰画面等问题，这些信号调整完成后，就会立刻按照电视信号的行—场扫描规律进行电视信号编码。

　　这是因为我们的电视节目是一连串的活动画面，每秒钟只显示 25 幅（称作 25 帧）画面，一幅画面在传统的电视机上扫描（就是显像管中电子束从电子枪被发射并撞击到屏幕上的发光物质）时，要分成 2 次才能完整显示（这被称作隔行扫描，也就是 1 帧分 2 场显示）；每幅画面又需要由电子束在显示屏上从左上角到右下角一行行地扫描，这叫作正程。此外，1 帧扫描结束后，电子束还要从画面的右下角回到左上角的起始处，这叫作逆

镜头示意图 ▶

程。通过这些行一场扫描过程，电视机上才能稳定、精确地还原被摄的电视画面。

这样的电视信号在直播中使用，还需要记录在某种设备上使其可以重新回放。最常见的是通过电磁感应原理制成的录像机，即在磁性记录媒体上（如磁带、磁盘等）涂抹了均匀的磁性记录层，电视信号的强弱变化将会产生同样强弱变化的磁场，将这个外磁场作用到磁记录层后即引起磁性物质的磁化，这时磁性物质的剩磁特性就能对应于原始的电视信号强度，在回放时只要读取这些剩磁特性就可以再用电磁感应方法还原出来。

（吴 坚）

知识链接

监控摄像机选用指南

摄像机宜选用 DCC 黑白、彩色摄像机。黑白摄像机水平清晰度≥400 线，彩色摄像机水平清晰度≥270 线。信噪比要求≥46 dB。应根据监视目标的照度选择不同灵敏度的摄像机。监视目标的最低环境照度应高于摄像机最低照度的 10 倍。当需要遥控时，可选用具有光对焦、光圈开度、变焦距的遥控镜头装置。摄像机可选用体积小、重量轻、便于现场安装与检修的电荷耦合器件

（CCD）型摄像机。根据工作环境应选配相应的摄像机防护套。防护套可根据需要设置调温控制系统和遥控雨刷等。固定摄像机在特定部位上的支承装置，可采用摄像机托架或云台。当一台摄像机需要监视多个不同方向的场景时，应配置自动调焦装置和遥控电动云台。摄像机需要隐蔽时，可设置在天花板或墙壁内，镜头可采用针孔或棱镜镜头。对防盗用的系统，可装设附加的外部传感器与系统组合，进行联动报警。监视水下目标的系统设备，应采用高灵敏度摄像管和密闭耐压、防水防护套，以及渗水报警装置。

我也可以做导演

~~~~~~~~~~~~~~~~~~~~~~~~~~~~~~~

在现场摄制好的电视素材，一般不用于直接播出，需要通过一定的制作，才能正式成型为电视节目。这种按照电视导演的艺术指导，对各种素材加工来表达各种主题的过程就是电视制作。而少量的电视素材会一边摄制一边直接播出，如体育比赛、文艺晚会和突发新闻等，这时电视台经常会对图像进行一定程度的处理，如同时显示演播室里的主持人和现场记者的多画面效果，直播节目也会在播出完成后被加工，以便再次播出。

在电视发展的初期，常见的节目制作手法是将不同场景记录的各个分镜头按一定次序连接起来，或者在制作时采用抠像特技手法。

抠像就是用摄像机拍摄均匀蓝色幕布之前的人物或道具（前景，即下图的图像 B），然后通过特技设备把蓝色背景抠掉，换成其他背景图像（即图像A），这样新的画面就产生了。这时前景和背景只是简单地叠加在一起，背景不能与前景的移动、变化产生呼应；如果背景是活动画面，即使保持拍摄前景的摄像机不变化，仍会产生主持人好像在背景上飘浮的感觉，缺乏真实感。

同期的电视制作机构中最常用的节目记录媒体是节目内容与时间呈线性特征的磁带，在编辑时必须顺序寻找所需要的视频画面，因此这种传统方法也叫线性编辑。用传统的线性编辑方法，在节目的某场景插入新的画面，或删除节目中某些片段时都要重新编辑，而且每次编辑后视频质量都要有所下降。

随着现代技术的发展，特别是计算机技术进入电视制作领域后，迅速掀起了一场电视制作的新革命，使得

▼ 色键抠像原理

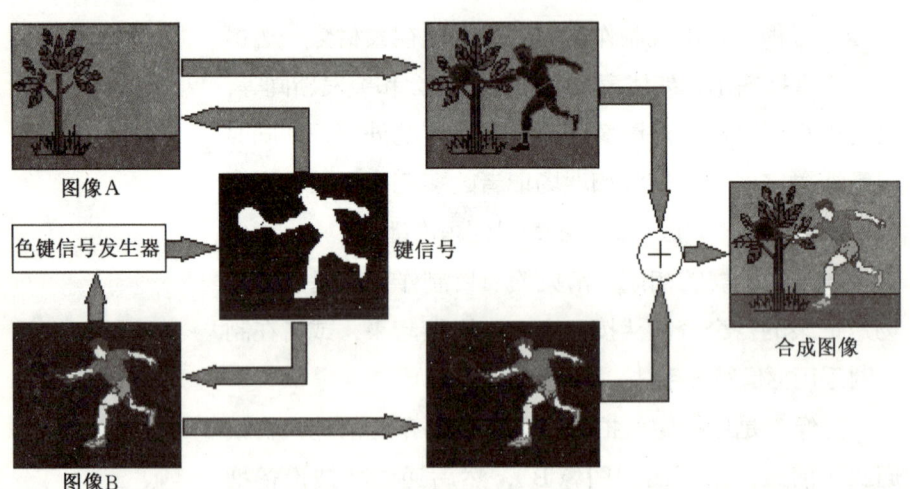

图像A

色键信号发生器

键信号

图像B

合成图像

电视制作手段发生了翻天覆地的变化，电视编导们也有了各种新式武器，突出的有非线性编辑、三维特技和虚拟演播室。

非线性编辑充分运用了计算机的强大处理能力和数据存储随机的特点，集节目录制、采集、编辑、字幕、特技、动画等于一体，可以非常方便地对素材进行预览、查找、定位、复制、剪切、粘贴、设置出点入点等操作，可以打破时间顺序进行任意编辑，更方便地创造出蒙太奇效果，充分发挥电视编导们的创造力和想象力。

在非线性编辑系统内部，对视频文件的操作非常简单，完全是在指定的时间轴上进行文件拼接，对这些文件在时间轴上的摆放位置和时间长度的修改都是非常随意的；即使完成了新的节目制作，原始素材也不会受到任何影响。非线性编辑系统在实际编辑过程中始终对数字化以后的数据进行处理，因此任意的剪辑、修改、复制、调动画面前后顺序等操作，都不会引起画面质量的下降，克服了传统线性编辑设备的致命弱点。

三维特技采用了计算机三维成像计算能力，将被加工的素材作为一个物体输入计算机中，经过内置了物体运动物理规律的特技程序的计算后，可以实现诸如火焰燃烧、彗星运动、流星雨、粒子光等令人炫目的特技效果。在设定的程序帮助下，还可以自行开发出新的特技效果，这些都弥补了传统场景制作和摄制的不足。现代的电视制作机构大量运用三维特技技术，即大量节约摄制成本，又能创造出特殊的艺术效果。

由于计算机技术的发展，还出现了虚拟演播室技术。这里的场景是以计算机通过三维图形技术"虚拟"画出来的，里面的摄像机所拍摄的现场已不是一般的主持人或演员活动的地方，而是虚拟画面应用空间的组成部分，它的实际意义仅仅是虚拟场景的大小。现场所有布景全部由单一的蓝色所取代，以作为将来抠像的基准色。图像的前景则是不同机位的摄像机拍摄到的主持人，主持人所在的实景现场的全部蓝色区域将输入到计算机中，并将蓝色抠去后与虚拟场景合成到一起，这两者通过虚拟摄像机与现场摄像机中的同步动作来保持运动的前景和虚拟场景的呼应变化。

虚拟演播室中的核心技术就是保持这种运动同步的机制。一种办法是通过安装在摄像机上的运动跟踪系统，虚拟演播室控制系统会检测到摄像机的推、拉、摇、移、

画有特殊网格的蓝色
背景幕布▶

聚焦、变焦乃至升降等运动数据，通过计算后，现场摄像机与虚拟演播室中"虚拟"的摄像机被相对地锁定在一个位置上。当现场演播室摄像机运动时，虚拟摄像机受跟踪器的控制可以实时地与现场摄像机保持同步。

另一种为图形识别方式，这时需要一个画有特殊网格的蓝色背景幕布，它将摄像机所拍摄的画面送到数字视频处理器中进行处理，通过对该画面中各种网格的不同特征和透视关系进行计算，得出有关摄像机的运动参数。

虚拟演播室系统中配备了控制系统，这是虚拟演播室节目制作的"导演台"。它除了调用和调整事先做好的三维虚拟场景外，还负责向图形发生器传输图像数据及处理摄像机的运动数据，使图形发生器相应的计算出虚拟三维电脑场景的实时运动，以保证其输出的虚拟背景与真实的前景同步。

这些新式节目制作系统刚出现时只能在昂贵的专用工作站上运行，随着现在个人计算机的功能越来越强大，电视制作也能在家里完成，这样许多个人爱好者也可以将自己的日常生活用家用数字摄像机记录下来，并像专业电视人士一样熟练运用各种编辑手段，把各种场景组合成最美好的回忆，实现电视导演的梦想。

（吴　坚）

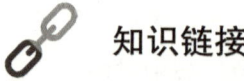

知识链接

电视制作过程

就每个接收电视节目信息的个人而言，"电视"是人们凭借"声"和"光"的科技效益来感受认识社会、认识世界的又一艺术形式，称之为"第八艺术"。这其中的"声"、"光"，就是电视制作的两大主要内容，是创作人员凭借其电视文化方面的修养，调动专业技术手段进行艺术创作的主要内容。声、光的制作就是人们认识"电视"，接受"电视"的关键所在。这个"创作"的内涵可以包容天底下、世界上或者人类正在探求的微观、宏观等一切领域。人类所从事的各种活动几乎都可以通过电视技术赋予电视表现行为的各种手段，以更新更妙的姿态展现在世人面前。

公交车上的风景线——数字移动电视

时下，在中国的一些主要大中城市，很多公交车上都安装了移动电视，广大乘客可以边乘车边看电视，移动电视好比是公交车上的一道风景线，给乘客带来了快乐和享受。

广播电视最初经历的是开路方式，也就是通过广播电视发射塔将处理好的信号以广播的形式发送出来，用户在家通过电视机来接收广播信号，并还原出声音和图像。由于开路的广播电视信号深受地理环境的制约，当时模拟的广播电视信号不能很好地被用户接收，所以，能够保证信号质量的有线电视便应运而生。经过十多年的发展，有线电视逐步普及，目前全国的用户数量已经超过1亿，开路的广播电视反而作为有线电视的一种补充了。然而，随着科学技术的不断发展，开路广播电视

▲ 移动电视

技术也在不断地进步，在某些特定的领域，以其无线、自由移动的特点，发挥了日益重要的作用，而其中的关键技术就是模拟技术到数字技术的转化。

广播电视从模拟方式全面转向数字方式已成为世界广播电视发展的必然趋势。数字电视地面广播已经走出实验室，开始产业化，其中的一个分支，数字移动电视，也就是在公交车上大家看到的实时电视节目，越来越受到人们的关注。

数字电视地面广播系统的目标是：采用地面广播的方式进行数字电视广播，要求广播覆盖整个城市，并实现数字电视节目的车载移动接收。

在系统中，实现覆盖是一个非常复杂的难点。以上海为例，专家们在已有的数字电视地面广播试验平台的基础上，做了大量测量工作，在掌握了原有的覆盖情况下，进行了推算，并参考了一些国外资料，确定了采用单频网的方案。专家们在完善上海原有的广播电视发射塔——东方明珠塔的基础上，增加了一些发射网点，并进行调试，建成了上海地区的 DVB-T（地面数字视频广播）单频网。与此同时，还采取了一些其他措施，如研制新的天线，提高接收灵敏度。经测量统计，上海地区单频网建成后，在上海市外环线内的信号覆盖率平均达到 95%，确信在外环线内地区接收效果良好。

　　系统中的另一个重点是视频压缩标准和系统。目前正式运行的系统使用 MPEG-2 视频压缩系统。视频编码方式的选择受限的条件较多，主要原因是数字电视地面广播的移动接收条件比较差，有效带宽比较小，在保证覆盖较好的情况下，采用 MPEG-2 的压缩方式在现有条件下只能传输一路实时节目；而其他较好的压缩方式可以达到较高压缩率，能够实现在一路电视频道中发送多路节目，但是它们都不是很成熟，特别是没有现成的接收机。对此，采用分步实施方式：在初期，先采用 MPEG-2 实现一路节目的传输，这样可以达到迅速推广应用的目的；同时开发其他压缩方式下的接收机，在条件成熟时再用其他压缩方式进行广播，并逐步将 MPEG-2 节目替换。目前其他压缩方法正在开发和试验，在现有的码流中已经加入了 MPEG-4 压缩流做开路试验。

　　为了有效地接收来自发射塔的数字电视信号，接收端的天线部分采用了高增益全向天线，就是在公交车顶安置了大型平板天线，面积一大，收到数字电视信号的概率就高些。巴士上的显示屏出现了黑屏和"Weak Signal"字样时，就表明收不到任何信号。城市中有些地区高楼林立，对于移动数字电视接收有些影响，但只是局部的，对这些盲区、盲点除个别区域可采用补点办法解决外，其余应依靠改善接收条件、应用新技术如采用预存储播放的办法加以克服。对有些特殊地方如过江隧道、地铁等则应采用泄漏电缆的信号场，达到理想的覆盖要求。

目前，机顶盒采用的是支持移动接收的 MPEG-2 机顶盒，这个小铁盒位于司机座位的下面。机顶盒拥有一定的内容存储能力，可以不间断地输出视音频信号。

基于 MPEG-4 的接收机样机已经完成，正在做测试和改进。数字移动电视发展较早的上海，数字电视地面广播及其移动接收系统目前已经基本建成。该系统采用了 DVB-T 的传输方法，所建立的单频网基本解决了覆盖问题，采用的是 MPEG-2 进行视频压缩。

作为地面广播电视数字化的一个分支，各地的车载移动电视的试验仅仅是迈出了第一步，今后的道路还很长，任务还很重，仅从数字电视地面移动接收系统来说也还有很多地方要完善，还有很多技术问题要探索、要解决，有很多新技术也在进一步开发应用。

（鲁　意）

宽带之翼——WLAN 技术

〜〜〜〜〜〜〜〜〜〜〜〜〜〜〜〜〜〜〜〜〜〜〜

　　如果想在家中摆脱连线束缚，随心所欲地上网畅游；或者出门在外时实现不间断的网络连接，随时随地获取各种信息，这些要求，对 WLAN 技术来说只是"小菜一碟"。WLAN 中文名称为无线局域网，利用无线射频技术（身份验证的一种方法）在空中传输数据，采用 IEEE802.11b 国际标准，是计算机网络与无线通信技术相结合的产物。通过 WLAN 技术提供用户无线上网服务，利用电磁波作为传输媒介在空中发送和接收数据，提供传统有线局域网的功能，能够使用户真正实现随时、随地、随意的宽带网络接入。

　　WLAN 技术包括两个部分：无线网卡和无线接入点，无线接入点又称为 AP。基本工作方式是无线网卡安装在笔记本电脑、台式电脑、掌中电脑（PDA）等终端上，配备相关软件与 AP 通过无线方式进行连接，AP 则以有线方式连上有线网络，实现与大网的连接。

无线 AP 作为无线网络中的一个重要设备，直接影响着无线网络传输信号的强弱。要想有效提高无线网络的整体性能，用好无线 AP 就成了不可或缺的一个重要环节。

无线 AP 在无线网络中扮演着集线器的角色，它其实就是无线网络信号的发射"基站"，由于无线通信信号是按直线方向传播的，在传输的过程中，遇到障碍物，信号的强度就会受到削弱，特别是遇到金属障碍物时（浇注的钢筋混凝土墙壁），无线信号的衰减幅度更大。因此它的安装位置必须选择好，才能不影响整个无线网络信号的传输稳定。尽量将它的位置安装得高一些，或者在障碍物的顶部再增加一个通信中继点。再由于无线 AP 的信号覆盖范围呈圆形区域，为了确保与之相连的每一台无线终端都能有效地接收到通信信号，应该将无线 AP 安置在工作区域的中心，然后将每一台无线终端围绕在无线 AP 的四周放置，这样就能确保每个终端都能高速地接入到无线网络中。此外，无线网络通常会根据通信距离的远近自动调整上网速度，一般情况下终端离无线 AP 的距离越近，其通信信号的抗干扰能力就越强，上网速度就会越快，反之亦然。当然也可以利用铁塔来增加无线 AP 的室外天线高度，同时调整好天线的方向，确保它们与水平线有一个合适的小角度。这样的话就能有效地消除无线终端与无线 AP 之间移动的或固定的障碍物，从而确保无线 AP 的信号覆盖范围足够大，无线网络的整体通信性能就会大大得到提升。当然，为了确保某一座建筑物之内的所有无线终端能同时连接到一个网络上，有时还需要通过双绞线将所有的无线 AP 连接在一起。

在组建无线漫游网络时，为保证无线网络有足够的带宽，将多个无线 AP 有效地连接起来，并让每一个无线 AP 产生的各自无线信号覆盖区域进行少量交叉覆盖，还需要对各个无线 AP 进行适当的设置，互相覆盖的无线 AP 必须使用不同的频道。目前，一个无线 AP 可以使用的频道总共有 11 个，其中只有 1、6、11 这三个频道是完全不被覆盖的，可以将相邻的无线 AP 设置成使用这些频道，搭建一个无线漫游网络，这样用户就能随意地在整个网络中进行无线漫游了。一个无线 AP 信号覆盖区域与另一个无线 AP 信号覆盖区域之间，有少量的重叠部分时，用户在移动过程中会自动进入到新 AP 信号覆盖区域，这样一来就能确保用户在不同网络之间漫游时始终处于最佳状态，确保无线漫游成功，网络之间能够实现无缝连接。

无线工作站是共享的，无线 AP 同时与较多的无线工作站进行连接时，每一台无线工作站所能分享得到的网络带宽就会逐步变小。为了确保整个无线网络的通信速度不受到影响，一定要控制好无线工作站的接入数目，以便保证每一台工作站都能获得足够的上网带宽。一般来说，支持 IEEE802.11b 标准的无线 AP 可以同时连接 20 台左右的工作站，当然，要是一台无线 AP 同时连接的工作站数目较少时，会导致组网成本过高。

无线局域网的抗干扰性强、网络保密性好，其组建、配置和维护较为容易。在最近几年里，WLAN 已经在公共区（机场、宾馆、会展中心、商务楼、休闲中心和咖啡吧等）、企业移动办公区（商店、工厂和学校等）和家庭中不适合网络布线的场合得到了广泛应用，从而做到了持续连接、移动办公、随时随地享受网上证券、视频点播（VOD）、远程教育、远程医疗、视频会议、网络游戏等一系列宽带信息增值服务，真正满足了用户对上网的便利性、个人化的需求，使 WLAN 技术所倡导的"时尚实用生活"、"宽带无线，自由无限"等概念深入人心，丰满宽带之翼。

（谢　蔚）

 **知识链接**

无线局域网不足之处

它是依靠无线电波进行传输的，而建筑物、车辆、树木和其他障碍物都可能阻碍电磁波的传输，所以会影响网络的性能；无线信道的传输速率与有线信道相比要低得多。目前，无线局域网的最大传输速率为 54 Mbit/s，只适合于个人终端和小规模网络应用。

容量最大的信息载体——激光通信

～～～～～～～～～～～～～～～～～～～～～

光波也是一种电磁波。依电磁波谱的排列，它是继长波、中波、短波、超短波、微波之后的一种频率极高、波长极短的电磁波。人们称之为现存最大和最后的电磁波资源。

"烽火戏诸侯"是很有名的历史故事。周幽王为讨得宠爱的褒姒的欢心，竟下令点燃烽火（古时一种通报敌情的军事通信方式，白天生烟、夜间点火，以此为号），各路诸侯以为敌人进犯，带领大队兵马前来救助，结果却是被戏弄了一场。他们急急来，匆匆回，褒姒见此，仅露一笑。从这故事中，历史学家看到了幽王的无道、政治的腐败，而科普作家看到的却是最早的光通信应用的实例。

原始光通信的方式还有好几种，如旗语、灯语、信号灯、信号弹等等。但所有这些光通信方式，因其表达的方法十分简单，能传递的信息容量极其有限，远远不能适应现代通信的需要，必须另辟蹊径。

作为信息载体来说，自然光的不足之处有三条：一是光强度不足，即使是刺眼的光亮，实际亮度还是很有限的；二是赤橙黄绿青蓝紫，各色都有，光波频率十分杂乱；三是光束散射，能量不集中。像手电筒光那样，即使有抛物面聚光罩，但光照到不远处已是一片散光，无法作远距离传递。激光的诞生为现代光通信打下了坚实的基础。

激光是一种特殊的电磁波。它的诞生是一个多世纪以来众多科学家不断深入研究电、磁、光等物理现象后获得的辉煌成果。激光的直接创始人是著名科学家爱因斯坦。有趣的是，1921 年他获得诺贝尔奖的科学成果，并非是举世闻名的相对论，而是他在 1905 年提出的光量子学说。他认为光是由许许多多的光子组成的，不同能量的光子组成不同颜色的光。1916 年爱因斯坦又提出了原子中的电子可以受"激发"放出光子的论述。这就是产生激光的基本原理。

激光的英文名字是"Laser"，音译为"雷射"，意译为"受激辐射光"，简缩成为"激光"。

1960 年，世界上第一台激光器由美国年轻科学家梅曼研制成功。第一台激光器是红宝石激光器。而后，钕玻璃激光器、半导体砷化镓激光器、气体氦氖激光器、氩离子激光器、二氧化碳激光器等各种各样的激光器相继诞生，组成了庞大的激光器家族。

由于激光具有许多独特的性能，它的应用十分广泛，全息照相、激光唱片、激光手术、激光打孔、激光测量、激光育种、激光武器等，在艺术、医学、工农业、军事等各领域都有应用，而激光最大的用武之地还是在通信领域。

激光是受辐射产生的人造光，它的亮度极高，是太阳光的亿万倍。激光的能量集中，散射很小，可被称为平行光。激光的频率极高，更重要的是它的光频率极其一致，也就是说它的波长极其一致，所以用激光作为信息载体可以把大量信息传递到很远很远的地方，而且发送和接收都非常方便。

如果激光直接在空间传播信息，由于大气中尘埃、云雾、雨雪等因素的存在，会引起激光的散射和吸收，消耗它的能量，严重影响传输信息的质量和稳定性。而激光在光导纤维中传输，情况就完全不一样了。

光是直线传播的，可早在一个多世纪以前，有人做实验证明光可以在透明介质中传播，并能随着介质的弯曲而弯曲。在一个装满水的容器壁上钻一个小孔，水从孔中流出呈弧线形落到地面。用光从容器上面照射其中的水，射入水中的光会随着流出的水，沿着弧线形路径照到地面——光会随着水柱的弯曲而弯曲。

光导纤维是利用具有特殊光学性能的材料——超纯石英或特种光学玻璃——制成的细丝。一根光纤连同它外面的保护涂层总共只有一根头发那么细，然而如此细而又透明的光纤却比钢还坚固，比铜还柔韧。它能使光在其中顺利地传输，大大减少了光在空间传播的损耗，又可不受任何干扰。许多根光纤可以组成光缆，光纤和光缆能像电线和电缆那样弯曲、敷设，十分有利于光信号的传播。

光纤通信的设备并不复杂。发送方电端机的电信号经过光端机处理，采用改变流过半导体激光器或发光二极管电流的手段，把电信号的变化转换成对应的光强度的变化，将电信号直接调制到光波上。调制后的光信号耦合进光纤，通过光纤传送到接收方。接收方光端机的光电二极管对信号作检波处理，使光信号转换成对应的电信号，再经解调后送到电端机。从而可有效处理电话、电视、图像、数据等信号，直接为用户服务。

激光通信有很多优点。一是它的通信容量大。从理论上讲，一根头发丝那么细的光纤，可传送百万路电视或百亿路电话，实际应用已可达到数万路电视或数百万路电话。激光通信构筑了宽频带大容量的信息高速通道。

二是设备简单，维护方便。光纤、光缆的直径小、重量轻、

▼ 激光通信

耗材省、施工敷设容易。如一根四管中同轴电缆，外径为 45 毫米，每千米 4 400 千克，而一根四芯光缆，外径为 9 毫米，每公里重量仅 200 千克。

三是节省大量有色金属。生产通信电缆需要大量的铜和铅，而生产光纤的主要材料是石英，地球上石英的蕴藏量非常丰富，可谓是取之不尽，用之不竭。光缆比电缆造价便宜，这样就大大降低了通信成本。

四是通信保密性强。光纤既不怕潮湿，不怕化学腐蚀，也不怕雷击，又不受电磁场的干扰，会使电磁波通信中断的核爆炸对它也毫无影响。光通信的声音逼真，图像清晰，数据正确，质量非常好。

现今，北京、上海、广州等大城市的电话网的端局之间的通信传输线路，绝大部分已用上了光纤光缆，为迎接信息时代的到来做好了物质的准备。

（施善昌）

 **知识链接**

激光通信的优、缺点

1. 通信容量大。在理论上，激光通信可同时传送 1 000 万路电视节目和 100 亿路电话；2. 保密性强。激光不仅方向性特强，而且可采用不可见光，因而不易被敌方所截获；3.结构轻便，设备经济。由于激光束发散角小，方向性好，激光通信所需的发射天线和接收天线都可做得很小，一般天线直径为几十厘米，重量不过几千克，而功能类似的微波天线，重量则以几吨、十几吨计。

激光通信的一些弱点：1.大气衰减严重。激光在传播过程中，受大气和气候的影响比较严重，云雾、雨雪、尘埃等会妨碍光波传播。这就严重地影响了通信的距离；2.瞄准困难。激光束有极高的方向性，这给发射和接收点之间的瞄准带来不少困难。为保证发射和接收点之间瞄准，不仅对设备的稳定性和精度提出很高的要求，而且操作也复杂。

商品货物的身份证编号——条形码信息处理系统

～～～～～～～～～～～～～～～～～～～

　　如今到大卖场或超级市场购物，结算付款时，总是看到收银员或是手拿枪式扫描器对准商品上一连串的长条形符号发射一束红光，再发出"嘟"的一声；或是手持商品将印有长条形符号的一面在一个小窗口似的激光扫描器前停留一下，随即听到"嘟"的一声。这时显示器上就会显示该商品的名称和价格。这种印在商品货物上的宽窄不等、黑白相间的长条形符号，称之为"条形码"，它是商品货物的"身份证"编号，为的是便于电脑自动识别，并在自动识别条形码信息的基础上实现商品货物流通的现代化管理。

　　"国际物品编码协会"制定了条形码编码规则和技术标准，协会各成员国共同遵守和使用。现在我们见到的条形码下面还印有一组阿拉伯数字，常见的是 13 位，商品体积小的也有 8 位。在 13 位数字中，最左边的 3 位数字是国别（地区）代码，表示该物品的生产国家或地区；接下去的 4 位数字是产品制造厂家（公司）的代码；再接下去的 5 位数字是产品本身的代码；最右边的一位数字是为了防止差错而设置的检验码。以国别（地区）代码为例，00—09 是美国和加拿大，30—37 是法国，40—44 是德国，789 是巴西，888 是新加坡，955 是马来西亚，中国是 690—692。

既然有 13 位阿拉伯数字，为什么又要印上宽窄不等、黑白相间的条形码符号呢？大家知道，电脑是以二进制数字为运算基础的高速度、大容量的信息处理设备。无论外界的原始信息呈何种状态，输入计算机内部作运算处理的信息一定是二进制数字状态。为此通常是外界的各种信息，如中文、英文、图像、话音等转换成二进制数字信息后再由计算机处理。这种转换技术要求高，成本大，且容易出错。如果外界的信息是二进制数字状态的，那就可以直接输入电脑处理了，既方便，又快捷，还可大大节约成本。再是在设置二进制数字符号时加入具有纠错功能的检验码，也可大大提高正确识别率。条形码就是一种二进制数字状态的信息符号。为此，条形码自动识别技术与其他的方式相比，具有速度快、成本低、操作方便、准确度高等优点。专为电脑信息处理高质高效而设计编制的条形码技术是信息时代数字社会最为实用的技术之一。除了大量应用于商品流通领域外，还广泛应用于邮电、铁路、军事、办公自动化和工业自动化等领域。

在条形码技术应用领域里。条形码的编码数字仅代表某一物品的"身份证"编号，该物品具有的各种信息的"档案"材料是存于电脑数据库里，必要时才予以显示或作相应的运算处理。例如：超市购物结算时，扫描器识读商品的条形码后输入电脑，电脑根据这个"身份证"编号在数据库中检出该商品的"档案"资料，如商品的货名规格、有效日期、单价金额、库存数量等，在此基础上再作运算处理，如显示商品单价，并在总价上加上这个金额，再在库存数中减去 1（为的是让管理部门掌握销售动态，当库存小于某一数量时可及时进货），实现了商品零售的自动化管理。

条形码通常是黑白相间的表达形态，黑条代表"1"，白条代表"0"，宽黑条是"11"，再宽的黑条是"111"。白条也是如此。此外，还可以用磁性材料编制条形码。磁性条形码肉眼无法直接观察到它的编码符号，保密性好，常常用于银行金融系统。我们使用的某些银行卡，卡的下方有一处用磁粉涂制的深褐色条块，这就是磁性条形码。银行卡磁条码表达的信息只是这张卡本身的编号。"条形码是商品货物的身份证编号"，这一说法十分形象，也是非常恰当的。

以上说的是条形码自动识别系统科技知识方面的内容，如果我们用科学的思维方法，灵活运用条形码技术知识，条形码还具有防止假冒伪劣商品的功能。正规的商品条形码是根据"国际物品编码协会"制定的编码规则和技术标准编制的，有利于商品的国际流通。如果某一商品的标牌上"商品产地"一栏注着"德国"二字，而该商品条形码最左边的三位数是"955"，这可是马来西亚的产品编号，由此可判断是以马来西亚产品冒充德国货。再是，如果某一商品最左边的三位数是"135"，这是国际物品编码协会不允许使用的编码代号呀，可知该商品不仅是假冒的，而且假冒者连条形码的基本常识也不懂，这样的制造厂家能制造出合格的产品吗？假冒与伪劣是近亲，还是不买这样的商品为好。

既有科学技术知识，又能运用科学思维方法，这对于我们的学习、工作、生活是非常有意义的。

附：国际物品编码协会成员国（地区）及其代码表

国际物品编码协会（EAN）成员代码表

代码	国家（或地区）	代码	国家（或地区）
00—09	美国、加拿大	539	爱尔兰
30—37	法国	54	比利时，卢森堡
380	保加利亚	560	葡萄牙
383	斯洛文尼亚	569	冰岛
385	克罗地亚	57	丹麦
40—44	德国	590	波兰
460—469	俄罗斯	599	匈牙利
471	中国台湾	600—601	南非
489	中国香港	619	突尼斯
45—49	日本	64	芬兰
50	英国	690—692	中国
520	希腊	70	挪威
535	马耳他	729	以色列
529	塞浦路斯	73	瑞典

代码	国家（或地区）	代码	国家（或地区）
740—745	危地马拉，萨尔瓦多，洪都拉斯，尼加拉瓜，哥斯达黎加，巴拿马	84	西班牙
		850	古巴
		859	捷克斯洛伐克
		860	南斯拉夫
750	墨西哥	869	土耳其
759	委内瑞拉	87	荷兰
76	瑞士	880	韩国
770	哥伦比亚	885	泰国
773	乌拉圭	888	新加坡
775	秘鲁	90—91	奥地利
779	阿根廷	93	澳大利亚
780	智利	94	新西兰
786	厄瓜多尔	955	马来西亚
789	巴西	959	巴布亚新几内亚
80—83	意大利		

（施善昌）

寄信要写邮政编码——手写数字自动识别技术

写信时，要在信封左上角的6个小红框内填写6位邮政编码数字，这是邮政通信现代化的需要，也是实现信函自动分拣的物质基础。

大家知道，信函分拣是邮件传递过程中内部处理的一个重要环节。根据寄件人书写的收件人地址，按邮运路线逐级分拣，最后把寄达同一邮局的信件分拣在一起，运输至该邮局，再由投递员送交收件人。原来人工分拣时，分拣员识读收件人地址后分拣入贮信格。如要实现自动分拣，则先得自动识别收件人地址。要机器自动识别随意写在信封上的数以千计的汉字，在技术上是十分困难的。于是提出了"邮政编码"这一办法。实施邮政编码制度，邮政部门把全国每个具有投递功能的邮局赋予一个 6 位阿拉伯数字的代码，机器识读这 6 位数字，就等于识读了收件人寄达局的地址，信函自动分拣就是在此基础上实现的。

　　阿拉伯数字虽只有 0—9 十个字，但因是手写的，情况千变万化，十分复杂，不仅字体可大可小，笔画有粗有细，且字形也各不相同。以"2"字为例，可写成多种形态。起笔的一横，可平写，也可左下方向右上方写，还可左上方向右下方写，如图一所示。

　　机器识别手写数字的方法有多种，其中之一是以"点特征"作为识别依据的方法。它是把文字笔迹看成是由许多个小的单点连成的轨迹。轨迹上的每一个小点又可分为分枝特征、方向特征、长度特征三大内容。

　　分枝特征分为端点、连点、三节点、四节点四种情况。图一（a）的 2 字，有二个端点，其余皆为连点。（b）的 2 字，有三个端点，一个三节点。（c）的 2 字，有二个端点，一个四节点。同是一个 2 字，它们的分枝特征各不相同，可见手写数字字形之复杂。分枝特征不是识别数字的唯一特征，如同是只有二个端点的字，就有 1、2、3、5、6、7、9、0 等多种可能。不过，依据分枝特征还是可以把十个数字归纳分类的。设一个三位数，其中百位数为端点数，十位数为三节点数，个位数为四节点数，则 Z200 类的字，即有二个端点，没有三节点，也没有四节点，可把 4 字和 8 字排除在外；Z110 类的字，只可能是 2、6、

▼图一

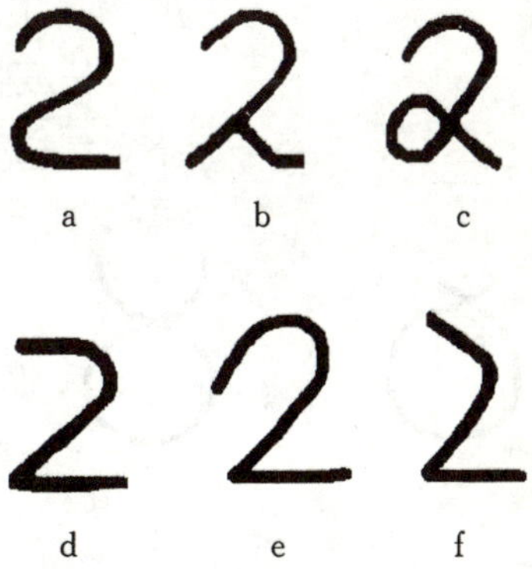

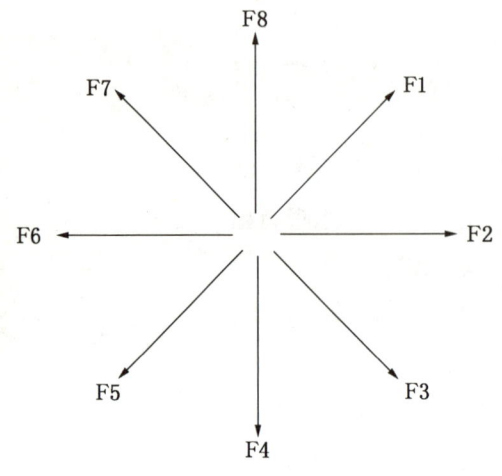

▲ 图二

9、0 四个字，可把 1、3、4、5、7、8 排除在外；Z201 类的字，只可能是 2、4、8、0 四个字，可把其余六个字排除在外。只是有两个字是例外，仅依据分枝特征即可识别，如一个字既没有端点，也没有三节点和四节点，全部是连点，就是个"0"字；再如只有一个四节点，其余是连点，那就必定是"8"字。分枝特征有一条数学规律：任何一个字的端点与三节点的数量之和必定是偶数。

方向特征是指这一点从上一点延续而来的方向，共有八个方向，分别标为 F1—F8，见图二。上面讲到的二字起笔的一横，有 F1，F2，F3 三种可能，见图一 e、d、f，但不可能是其他方向，6 字和 9 字，分枝特征可以相同，但起笔后的方向和末笔的方向是完全不同的，所谓6、9 掉个头。

长度特征是指轨迹线条的长度。有时它对识别某一个字是起决定作用的。如两端出头的 0 字和上端开口的 8字，见图三 a 和 b，这两个字字形相似，分枝特征相同，方向特征也是一致的，所不同的是长度特征，上部的两段线条，短的是 0 字，相对较长的是 8 字。不短不长的，机器只能做出"拒识"的判断——轻易下结论是会犯错的。与其误识，

▼ 图三

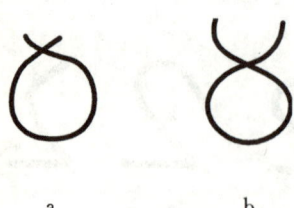

a   b

还是"拒识"为好，拒识后可改由人工识别，这样可使机器的误识率降至最低。

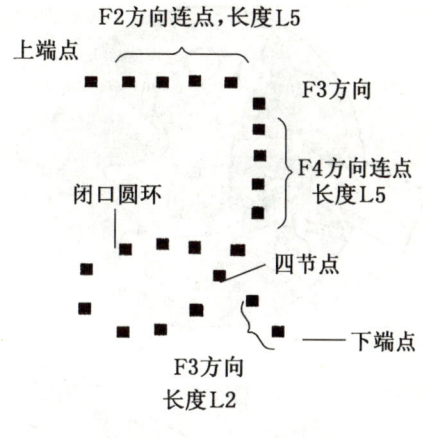

▲ 图四

任何一个手写阿拉伯数字，综合上述分枝、方向、长度三个特征的分析判断，即可做出正确的识别。我们以"2"字为例，见图四。它的分枝特征为 Z201，上端点起笔后的方向为 F2，也允许是 F1 或 F3，长度为 L5，而后转向 F4，长度为 L5，接着是一个四节点，依逆时钟方向兜了一个圈，再回到四节点，最后 F3 方向，长度为 L2，至下端点终止。其中的 Z201，F3，L5 等字符即是对"2"字点特征的数字化描述，把它们串接起来，再作一些技术处理，就成为供计算机信息处理的特殊语言了。计算机根据这些信息，依照事先设定的工作程序，进行运算处理，最后即可完成自动识别任务了。

手写数字自动识别技术属人工智能范畴，是信息处理技术的一个重要方面。

信函自动分拣，在自动识别手写数字之前有一个"光电转换"的工序，在之后，有一个"同步入格"的工序。

"光电转换"就是把信封左上角红框内的手写邮政编码数字，由白纸黑字的光学文字符号，经专用设备的处理，转换成为"0"与"1"二进制数字状态的电子信息，

然后供计算机作识别处理——计算机是只能处理二进制数字状态的电子信息的。

"同步入格"就是使信函由传送带输入相应的贮信格内。"同步"的意思是：当计算机识别了某一封信的邮政编码后，即知道了它的分拣去向，这时就赋予该信一个代表它应进入的那个贮信格的电子编号。这个电子编号是一把钥匙，它在电路里随着传送带上行进的信函实体同步前进。当这封信到达它应进入的那个贮信格口前时，电子编号令格门开启，信函就顺利进入该格口，最终完成了自动分拣任务。

（施善昌）

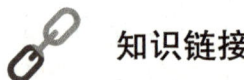

知识链接

光电转换过程的原理

是光子将能量传递给电子使其运动从而形成电流。这一过程有两种解决途径，最常见的一种是使用以硅为主要材料的固体装置，另一种则是使用光敏染料分子来捕获光子的能量。染料分子吸收光子能量后将使半导体中的带负电的电子和带正电的空穴分离。

在众多太阳光电池中较普遍且较实用的有单晶硅太阳光电池、多晶硅太阳光电池及非晶硅太阳光电池等三种太阳光电池主要功能在将光能转换成电能，这个现象称之为光伏效应。光伏效应在 19 世纪即被发现，早期用来制造硒光电池，直到晶体管发明后半导体特性及相关技术才逐渐成熟，使制造太阳光电池变为可能。

有"眼"有"脑"的巡航导弹——地形匹配制导技术

～～～～～～～～～～～～～～～～

早在 1991 年 1 月，海湾战争爆发。当时世界各大报纸纷纷发布了类似以下内容的报道："17 日凌晨，一枚从'威斯康星'战列舰上发射的'战斧'巡航导弹，撕破巴格达沉沉夜幕，在城市上空炸响，拉开大战帷幕"。"海湾战争爆发的第一天，美国在两艘航空母舰上发射了 100 多枚巡航导弹攻击伊拉克的军事目标，发挥了巨大威力，空袭取得出人意料的成功"。

作为海湾战争首发武器的"战斧"巡航导弹究竟是怎么回事呢?

"战斧"是由美国海军航空司令部于 1972 年开始研制的一种兼有战略和战术双重作战能力的巡航导弹，主要用于打击陆基、海基战略与战术目标，"战斧"巡航导弹似乎成了美军的撒手锏，也是现今世界上最先进的武器之一。它长 6.4 米，直径 0.53 米，水平翼长 2.62 米，能载一吨弹头飞行 2 780 千米，也能装核弹头。舰艇上通常使用箱式或垂直发射器来发射，在潜艇上则可使用鱼雷发射管或垂直发射器进行发射，"战斧"巡航导弹最关键的是该导弹装有以图像自动识别技术为依据的地形匹配制导系统，有极高的命中精度，飞行 2 700 多千米，弹着点误差仅为 10 米——实际上是百发百中，因为导弹爆炸半径大大超过 10 米，专门用于打击指挥所、雷达站、弹药库等地面硬目标。

▲ 正在飞行中的"战斧"巡航导弹

以图像自动识别技术为依据的地形匹配制导系统又是怎么一回事呢？

▼ 正在工厂组装的"战斧"巡航导弹

地形匹配制导系统先是利用间谍卫星或高空侦察机摄取敌方地形地貌照片。而后，军事技术参谋分析这些照片。一是认定导弹袭击的目标；二是确定导弹飞行路线，接着把经过分析后的信息输入装在巡航导弹内的电子计算机中。这好似给导弹的"大脑"绘制了一

张十分精细的军用地图，并在地图上标明了行进路线和到达目标。

战争中，作战人员在航空母舰上朝着既定的方向发射巡航导弹。导弹升空飞行，装在导弹前端的光学摄像系统"注视"着飞临地区的地形地貌状况，把地面的河流、山脉、道路、建筑物看得一清二楚，并把与此有关的信息输入计算机。光学摄像系统是巡航导弹的"眼睛"，计算机是巡航导弹的"大脑"。"大脑"根据"眼睛"看到的情况发出指令，把握导弹的飞行方向。"眼""脑"并用，按图索骥，把飞行时"看"到的地形信息与原先存储于"脑"中的地形信息对比匹配，最后击中目标。

图像自动识别技术可以正确判断地形地貌状况。如同样是水面，运用几何特征分析，可得知哪里是湖泊，哪里是河流。

由于水面的光反射率与陆地的光反射率是明显不同的，所以智能化的光学摄像系统可以正确无误地辨别出哪里是水面，哪里是陆地，当然也可以得知水、陆交界处的边岸之所在。接着是用简单的数学运算方法求得水域面积与边岸周长的平方值之比，此即为"几何特性参量"。

如：圆面积 $S = \pi R^2$　　圆周长 $C = 2\pi R$

圆的几何特性参量 $Q = C^2/S = (2\pi R)^2/\pi R^2 = 4\pi$

这是一个常数。也可以说：几何特性参量 Q 为 4π 的几何形状是一个圆。

又如：边长为 a 的正方形，面积 $S = a^2$

周长 $C = 4a$，几何特性参量 $Q = C^2/S = (4a)^2/a^2 = 16$

这也是一个常数。也可以说：几何特性参量 Q 为 16 的几何形状就是一个正方形。

再如：边长分别为 a 和 b 的长方形，它的几何特性参量

$$Q = C^2/S = [2(a+b)]^2/a \cdot b = 8 + 4\left(\frac{b}{a} + \frac{a}{b}\right)$$

设 $a : b = 2 : 1 \qquad Q = 18$

$\quad a : b = 20 : 1 \qquad Q = 88\frac{1}{5}$

$\quad a : b = 50 : 1 \qquad Q = 208\frac{4}{50}$

由上可知，长与宽的比值越大，几何特性参量 Q 的值也越大。湖泊或河流的水域面积和边岸线不会像几何形状那么规正，但它们的基本形状还是可以从几何特性参量 Q 值的大小着得出来的。Q 值小的近似于圆形或方形，应是湖泊，Q 值相当大的就必定是窄长形，当是河流无疑了。

数学运算是计算机的拿手本领，最繁复的运算也可在瞬间完成。是河流还是湖泊，可以一"目"了然，上述的巡航导弹在飞行中，令它沿着河流前进，就决不会在湖泊上空兜圈子。

有"眼"有"脑"的巡航导弹还有一个很出色的性能，因为它"眼""脑"并用，边"看"边行，且"观察"和"思维"的速度极快，判断和反应极为敏捷，就能使导弹跋山涉水，作超低空飞行，最低飞行高度仅离地面50米。在导弹作超低空飞行时，地面防御设施还来不及做出反应，导弹已经飞得无影无踪了。"战斧"巡航导弹能有效地躲避对方防御系统的拦截，大大增强战斗力。

（施善昌）

电信技术发展史

从19世纪30年代有线电报通信实验成功开始，电信发展成为一种通信方式。有线电话、无线电通信相继产生，并逐渐推广应用。20世纪初，随着电子管、晶体管和集成电路的出现和发展，电信技术日趋成熟。到20世纪50年代，数字通信网、程控交换、卫星通信和数据通信等技术的产生和发展，把电信传输和交换技术推向一个崭新的时代。

现代战场上的信息科技

～～～～～～～～～～～～～～～～～～～～～～～～～～

伊拉克战争是一场没有悬念的战争。尚未开战，胜负早已定局。为什么呢？大而言之，战争是两国综合国力的较量。美、伊双方的国力，一在天上、一在地下，举世公认，无须赘述。具体而言，则在于双方信息技术方面的差距过大。这可从理论和实践两个方面予以证实。

先说理论的。我国著名古代军事家孙子在《谋攻》篇中说："知彼知己，百战不殆。"其逆定理也是成立的。孙子接着说"不知彼而知己，一胜一负；不知彼，不知己，每战必殆"。这里说的"知"与"不知"，用现代化的语言来说，就是信息技术掌握和运用得如何的问题。

再说实践的。我们举伊拉克战争的开始和结尾两个例子来说明。

伊拉克战争开始于"斩首行动"。美方利用通信卫星

陆军？太空人？

侦察系统，截获了伊拉克高层领导的行动信息，得知萨达姆及其部下的开会时间和地点，于是将大量的巡航导弹和精确制导炸弹以迅雷不及掩耳之势投向锁定的目标，如果成功，战争刚开始就可宣告结束，此举确实厉害。

伊战后期，当美军攻打伊拉克首都巴格达时，第四机械化步兵师投入战斗，世人为之瞩目，称它的行动意味着"首支数字化部队引导陆军走向未来"。第四机步师有兵力1.7万人，是一支信息技术武装到了牙齿的数字化部队，它配备的每一辆坦克、装甲车、火炮和武装直升机，不仅配有全球定位系统的各种探测器，建立了全方位、全天候的信息情报系统，同时还配有一台奔腾Ⅲ级别的计算机，并由称为"战术互联网"的无线网络连接，实现以网络为中心的作战方式。在战场上，敌、我、友军的各种行动信息都实时显示在计算机的电子地图上，必要时还可以随时下载更详细的分区地图。如某辆坦克发现了一个敌军目标，在计算机上标明该目标，全师所有的计算机都会立即显示出来。即便是后勤部队发现敌情，也能通过战术互联网通知主战部队。一个数字化师的作战能力相当于一个常规军。第四机步师参战后，伊军毫无还手之力，不战自溃，美军长驱直入，很快占领了巴格达。这是现今美国以信息技术为核心的新军事理论的实践应用，体现了信息化作战的强大威力。

美军还凭借其在信息技术方面的绝对优势，迫使伊拉克处于"不知彼，不知己"的悲惨境地。美军早就有一种专门对付雷达"百鸪"的反雷达导弹，它能够在接收到敌方雷达的信号后，自动导向雷达波束，并沿着波束飞向雷达，将它摧毁。再是，这次战争一开始，伊拉克的固定电话网和地面移动电话网即被全面破坏。虽然还有卫星电话可用，但是伊拉克并不敢用。因为美军掌握着"制信息权"，一旦伊拉克军队启动通信工具，就会被美军的卫星定位系统紧紧锁住，以致遭到致命打击。萨达姆不会不知道，一名车臣非法武装头目就是因为使用了卫星电话，信号被俄罗斯政府军截获，并以此判断其所处的确切位置，随即发射导弹将其炸死。既然伊军的各种通信工具无法使用，指挥系统完全失灵，军队得不到指令，各部分之间失去联系。"不知彼，不知己"，败局已定。萨达姆无奈只好发出："化整为零，各自为战"的号召。这实际上已经承认了失败。过不多久，伊拉克战场上的大规模战斗即告不再存在。

伊拉克战争美军投入的兵力只有海湾战争的五分之二，作战时间只有其三分之一，而地面作战空间则是其20倍。信息技术左右了战争的进程。

（施善昌）

没有硝烟的战争——信息战

信息战是一场没有硝烟的战争。顾名思义，信息战就是旨在以信息为主要武器，控制或打击敌方的军事指挥系统和民用通信系统，取得战争的主导权或制止可能引发的敌对冲突。一旦这个目标达到，交战双方就不再是一个等级上的战争，失去信息系统的一方，接下来的就只能任人宰割。这种先于武装冲突进行的没有硝烟的战争，可以使取得主动权的一方大大减少人员伤亡，改变了传统战争"杀敌一千，自损八百"的局面。根据统计，第一次海湾战争期间，伊拉克共伤亡约10万人，而以美国为首的多国部队仅伤亡606人。

在信息战的战场上，作战双方所使用的武器，不再是马达轰鸣的战机坦克，更不是古代武士手中的大刀长矛，而是一组组"二进制"的计算机指令或程序，在轻点鼠标和敲击键盘间制敌于无形。硝烟未起，而胜负却已初见分晓。因此，我们可以将信息战看作是一场鼠标与键盘的战争，还有人称之为"一场胜方没有流血痛苦的、计算机操纵的电子游戏"。

信息战到底有哪些特点呢？

首先，信息战就是要尽可能地破坏对方的信息通信系统。在通常状况下，为达到这个目的，可以采取黑客入侵和病毒破坏两种手段达到这个目的。在今天的网络社会中，黑客是一个令人既恨又怕的名字。可是在信息战中，精通网络入侵技术的黑客，却是必不可少且又非常出色的间谍情报人员或作战人员。他们可以利用对方信息网络的系统漏洞，悄然进入系统，于无声无息中窃取大量的机密信息。早在第一次海湾战争期间，就曾有一批年轻的荷兰黑客成功入侵了美军的一个站点，他们所窃取的文件数量之多，密级之高，令人咋舌。这些文件涉及美国军队部署的确切位置和武器装备，既有爱国者导弹的战术技术参数，也有在海湾地区水面上游弋的美国军舰的情况。他们把这些情报卖给了萨达姆政权，然而伊拉克人对这些情报的真实性十分怀疑，压根没有当回事。假如时光倒转，萨达姆认真研究这些情报，又采取了相应的积极防御措施，战争过程又将如何呢？

相信每个网民都会对计算机病毒恨之入骨，然而在信息战战场上，它可绝对是个好士兵，服从指挥，可以不折不扣地完成任务，"杀伤力"大得超乎想象，令敌人闻之色变。往对方的信息系统植入计算机病毒，无异于

在其系统内放置了一颗威力无比的定时炸弹。一般而言，病毒的植入有两条途径。既可以借助通信线路进行扩散（如我们广泛应用的互联网网络），使计算机病毒侵入到民用通信网络、军用通信节点和指挥控制部门的计算机系统，并使其出现故障。比如可将计算机病毒植入敌方可能会使用的武器装备中，武器的所有部件看起来都是正常的，但却是一个哑弹，弹头无法爆炸，起不到杀伤敌人的目的；也可以采用"逻辑炸弹"式的计算机病毒，预先把病毒植入对方的信息系统中，如同家庭中使用的闹钟一样，这些病毒会依据给定的信号或在预先设定的时间里发作，吞噬计算机里的文件，破坏指挥自动化系统，摧毁那些控制铁路和军用护航线的电路，并将火车或飞机引到错误路线，引发交通混乱等，在一定程度上达到不战而屈人之兵的目标。

其次，信息战还可以极大程度地影响对方的心理。信息武器另一个重要的威力还在于通过对人心理的影响，来控制其行为。有材料显示，在第一次海湾战争中，美国国防部对阿拉伯世界的宗教信仰进行了详细分析，然后根据其普遍信奉伊斯兰教的特点，利用计算机成像技术，在拟定的空域向伊拉克民众展现真主受难的全息摄影，以便使目击者遵从"天上来的旨意"，劝说自己的教友停止对多国部队的抵抗。更厉害的是，另有一种名"666号"的病毒，可以在显示器屏幕上反复产生特殊的色彩图案，使电脑操作人员昏昏欲睡，萌生一些莫名其妙的潜意识，从而引起心血管系统运行状态的急剧变化，直至造成大脑血管梗塞。

虽然信息战是一个没有硝烟的战场，但这种全新的战争同传统的战争一样可怕，在军事上，它极有可能使一支强大的军队面临灭顶之灾。同时，它还会对非军事目标产生巨大的威胁。在信息战中，一方可以利用信息武器兵不血刃、干净利索地破坏另一方的通信、交通、金融等要害系统，给越来越依赖现代信息网络的平民百姓的日常生活造成极大的混乱。信息战虽然可以凭借着高科技的信息武器减少人员的流血伤亡，但这种综合的、立体的、全方位的攻击方式，在敌对方民众中所能引起的普遍心理恐慌，无疑也是一种灾难，不容忽视。

（王天广）

解开神探"从天而降"之谜——110公安指挥中心系统

～～～～～～～～～～～～～～～～～～～～～～～

110公安指挥中心系统综合了数字交换、数字通信、数字信号处理、计算机网络、信息处理、大规模集成电路、数字录音、图像监控、智能决策等技术，它能接收来自公共电话网、专用电话网、网络电话、互联网上的呼叫，除了普通的语音报警、电子邮件报警、传真或手机短信报警接入之外，实现多种专业报警接入，并进行统一分配和统一处理，为用户提供语音、传真、E-mail等多种交流方式，实现与医疗、司法、民防、防汛、电力、水利、交通等部门的沟通采取联合行动，紧急处理突发事件。

形象地说，110公安指挥中心系统就像一个高科技的巨人，它具有高度智慧的大脑（综合接处警子系统、

综合指挥调度子系统）、庞
大的智囊团（专家预案和
辅助决策子系统）、高度发
达的神经系统（专用计算
机网络）、许多铁一样的臂
膀（巡警队、交警队、消防
队、特警队等等），还有许
多"法宝"：数据库子系统、
数字录音子系统、图像监控

▲ 110公安指挥中心

子系统、卫星定位子系统、地理信息系统等等。

　　例如：报案人张山用手机拨打"110"报警，由110
公安指挥中心系统（以下简称系统）的交换设备汇接报
警电话，转入接警座席，接警员接听电话，张山说他的
皮包在中山路附近被人抢走，接警员将报警内容录入计
算机。同时，系统采用数字录音技术对接警、处警的全
过程进行录音并存入计算机。根据报警类别、地点，进
行归类，自动搜索预案库、地理信息库等相关资料，由
计算机自动生成"处警单"。由接警员确认，"处警单"
经专用计算机网络自动传送到案发地点附近的公安分局、
派出所。

　　瞬间之后，中山路派出所接到出警命令，迅速派员
赶到案发地点，捉拿抢劫犯。此时，系统运用图像监控
技术可以随时观察案发地点周围的交通情况、城市重要
路口的道路状况；运用全球卫星定位技术可以随时掌握
案发地点附近所有公安巡逻车的位置。如果抢劫犯逃窜，

就能迅速调动车辆围追堵截，将其抓获。这样，报警信息、出警命令就从"大脑"沿数字化的"神经系统"传达到各个基层单位，基层单位接到命令后闪电般出击，自然是雷厉风行，所向披靡。

110 公安指挥中心系统发展成如今这样的规模绝非一日之功，而是经过十几年、循序渐进、不断向前发展的过程，下面简单介绍它的发展历程。

创始阶段：系统处于原始状态，只有几部直线电话，仅受理匪警（即抢劫）案件报警。系统主要靠人工处理，没有语音录音。

初级阶段：由于数字交换技术的发展和计算机的普遍运用，排队交换机开始成为系统重要的组成部分，用排队交换机汇接多路报警电话。计算机作为接警的辅助手段，以计算机代替纸张，将语音报警和接警的内容记录在计算机内。

完善阶段：以计算机网络为中心，将排队交换调度机、数字录音子系统、大屏幕监控子系统、远程接处警子系统等有机结合，进一步完善和丰富了系统功能。

现状：系统在完善阶段的基础上，以计算机网络为基础，以有线通信和无线通信为纽带，以接处警信息传递、处理为核心，以资源共享的计算机辅助决策为载体，实现 110/119/122 三台合一，发展为城市应急联动中心，也是综合性的指挥中心、全方位立体式的调度中心、智能化的决策中心。系统由一个中心统一接警，将指挥、呼叫、调度、决策融为一体，有效利用社会公共资源，对突发事件和紧急求助进行快速处理。它的特点：实现语音、数据和图像的统一接入和处理；进行预案编制和信息预测，实现科学决策；实现与医疗、司法、民防、防汛、电力、水利、交通等部门进行联合行动，迅速处理突发事件。

随着科学技术的发展，110公安指挥中心系统将向更加安全可靠、快速高效、指挥有力、信息灵敏的方向发展，成为科技强警的有力支撑和坚强后盾，为打击犯罪，降低灾害损失，推动城市管理现代化，保障人民的安居乐业，营造一个安定团结、稳定发展的社会环境做出贡献。

（马慧敏）

神秘的语音"宝盒"——数字录音系统

~~~~~~

　　数字录音系统是一种能同时进行多路电话同步录音和播放的设备，是计算机多任务实时控制技术与数字语音技术的完美结合。它采用了先进的数码录音技术，配以功能强大的计算机软件，借助大容量的计算机硬盘作为存储介质，完全突破了传统的录音概念。可以实现自动记录电话主叫和被叫号码，同时对多条话路录音或监听，自动备份、灵活查询语音记录。数码录音是一种全新的技术，简单地说，就是对模拟信号采样、编码，将模拟信号通过数模转换器转换为数字信号，并进行一定的压缩后，运用计算机进行录音、播放、存储。

　　回首历史，人类在声学方面的探索和研究是孜孜不倦的。伟大的爱迪生借助运动载体上深度不同的沟道来记录和回收声音，于 1877 年发明了留声机，创造了人类历史上的奇迹，使声音可以储存和再现。虽然留声机经过多次改进，但仍有缺点，比如录音时间短、录质差等。因此，许多科学家都努力进行研究，力求有所突破。1888年，科学家史密斯提出设想：如果用一根钢丝缓缓通过有电流的线圈，那么随着电流强弱的变化，这根钢丝就会把强弱不同的"小磁铁"一一排列起来，就实现了声音的储存。把这根带磁的长钢丝通过另一个线圈作用后，磁力的变化又变成电流的变化，通过连接在线圈上的听筒，把电流变化再转变成声波的变化，就会放出声音。1898年，丹麦科学家保森根据史密斯的理论，研制出第一台钢丝录音机，这就是磁带录音机的雏形。

同传统的留声机、磁带录音机相比，数字录音系统更像一个神奇的语音"宝盒"，它的基本工作原理是：利用语音卡作为语音信号的采集、抽样、压缩和编码工具，通过用户线将计算机、并口设备以及电话交换机（即设置在电信部门的一种专用设备，用户通过它可以进行呼叫连接，建立起整个的通信电路）连接起来，并口设备作为计算机和交换机之间的中介起到桥梁的作用，通过语音卡和并口设备并接到电话交换机的用户线路上，提取线路上的语音信号，并转化为数字信号，把这些数字信号以文件的方式保存到计算机磁盘上。

数字录音系统彻底改变了原有的录音模式，实现了录、放音技术的飞跃，它具有以下特点：

首先，安全可靠。采用数码录音技术，效率高，易于保存，录音文件可长期保存于磁盘、光盘中。

其次，录音质量高。由于采用数字语音编码压缩技术，保证录音失真小、噪音低。数字语音编码压缩技术就是通过一定的编码标准把数量巨大的数字化语音信号压缩为原来的几十、几百分之一以下的方法。

再次，实时性强。运用计算机同步控制，可以随时对任意一路当前通话的话路进行同步监听，监听时不会影响通话人，也不会影响录音质量。

最后，保密性强。可以设定不同等级的密码，分出不同权限来听取录音文件，增强保密性。

另外，适用范围广。能够适应多种录音环境，可对直线电话录音；也可与交换机配合使用，对交换机的外线、内线同时录音；还可以对无线电话、对讲机以及所有音频信号进行录音。

语言导盒示意图 ▶

数字录音系统在实际使用中效果显著。例如在电力指挥调度过程中，由于下达的每一个指令直接关系到整个电网的安全，责任重大。运用数字录音系统以后，可以保存完整的录音记录，一旦发生事故需要取证时，可按录音时间、电话号码等查询方式进行查找，并可进行录音重放等操作，有录音作凭证，整个事件便一目了然。

　　目前，数字录音系统以先进的技术、丰富的功能而受到人们的欢迎。它广泛应用于金融、军事、司法、公安、消防、机场、港口、医院、学校、广播电视、电力、交通、急救中心等部门。为及时查询和发现事故原因，留下宝贵的第一手语音资料，提供准确可靠的原始录音记录，为完整的再现现实场景，发挥了巨大的作用，实现了新时代的"神话"。

（马慧敏）

全天候的电子"监察哨"——图像监控系统

随着国民生活水平的提高，马路上的汽车越来越多，驾车的人也越来越多，尤其是一部分年轻人追求那种风驰电掣的感觉，喜欢开快车，成为飞车一族，也成为交通安全的隐患。现在，他们可不敢造次，因为有全天候的电子"监察哨"守候在路口，它一丝不苟，不管春夏秋冬，不论雨雪风霜，每天 24 小时瞪大警惕的眼睛。这就是对视频图像进行记录、回放、存储、同步显示的图像监控系统。有了它，一个个路口秩序井然；有了它，人们多了一双"眼睛"看世界。

图像监控系统分为模拟和数字两种，它们各有特色。最早出现的是模拟图像监控系统，又叫闭路电视监控系统。对于距离较近、在一座建筑物或小范围内使用、监控点不多、没有远程传输需求的情况，可以采用模拟图像监控系统。它的构造简单，成本低廉，能实现点对点的监控，即在一个控制中心查看监控图像。

20世纪90年代中期，在模拟图像监控系统的基础上，随着计算机多媒体技术的运用，出现了数字图像监控系统。多媒体技术是一种把文字、图形、图像、动画和声音等形式的信息结合在一起，通过计算机进行综合处理和控制的信息技术。数字图像监控系统以计算机多媒体技术为核心，融合了图像压缩编码、数字通信、数据库管理等多种先进技术于一体。以多媒体计算机作为系统的主控设备，通过对计算机的操作，实现对整个系统的控制。

20世纪90年代末期，随着计算机运行速度、存储容量的提高和网络技术的发展，数字图像监控系统得到进一步完善，它以网络为依托，以数字视频压缩、存储和播放为核心，实现对远程、多监控点的监控。它主要由：彩色摄像机、解码器、多媒体计算机、数字监控系统软件、彩色显示器或彩色电视机等设备组成。

简单地说，数字图像监控系统是这样进行工作的：首先，将视频图像进行采集和数字化处理，形成数字图像信号。为了便于传输，将数字图像信号进行压缩处理，转化成数据包。然后，将数据包通过公共互联网或局域网进行异地传输，再通过解码器解码将数据信号转变成模拟信号，并传递到电视机屏幕或显示器上进行显示。同时将各个监控点的图像采集到控制计算机中，在一台显示器上同时显示多路图像。实现多点对一点的监控，即在不同的控制点对同一被控点进行监控，从而达到对远程、多监控点的图像进行监控的目的。

从理论上说，数字图像监控系统的监视距离是无限的，只要通信网络到达的地方，就可以进行监控，是现代化的"千里眼"。比如在中国，可以通过它监控远在欧洲的工厂；出差在千里之外，可以通过它看到家中安全情况或家人的生活状况。和模拟图像监控系统相比，它具有下列优点：

一、存储量大。录像内容由计算机大容量磁盘自动存储，能够满足记录监控图像的需要。

二、控制灵活。提供万能切换、定时自动切换功能，根据需要随时截取、切割画面，随意切换画面。

三、实时性强。可将各个监控点的图像采集到控制计算机中同步监视，一台显示器可以同时显示多路画面，最多可达 32 路。可对任何一个监控点进行 24 小时不间断录像，以备随时播放。

四、智能化。可通过计算机远端遥控各个监控点的摄像机镜头，进行聚焦、拉伸，扩大监视范围。录像、回放、备份等功能可同时进行，互不影响。

五、管理方便。利用计算机管理图像，进行压缩、分析、存储、查询、显示等操作，快捷方便。

六、安全性强。通过设定不同等级的密码权限，实现不同级别的监控。可以对录像内容进行加密压缩存储，增强了安全性。

七、适合远距离传输。数字信号抗干扰能力强，不易受传输线路的影响，能够进行加密传输，可在数千千米之外同步监控现场。

近几年来，图像监控系统向数字化、网络化、智能化的方向发展，以计算机网络为依托，以智能化的图像分析为特色，实现了分散监控、集中控制的管理模式。目前，它的应用领域十分广泛，如公安、消防、军事、电力、金融、酒店、交通管理（高速公路、城市交通枢纽）、交通运输（机场、码头、铁路）、商业（商场、超市）、医院（手术室）、智能化大厦、住宅小区管理等等。它在预防和打击犯罪、保护社会安定团结、查询和发现事故原因、提供准确的图像记录、保存现场第一手图像资料等方面成绩显著，效果明显，做出了巨大的贡献。

（马慧敏）

鲜活的地图

～～～～～～～～～～～～～～～～～～～～

地图是极普通的东西，大家都很熟悉。如果有机会，想不想去看一看"活"的地图？只要轻点鼠标，就可在计算机屏幕上看到高清晰度、高质量的地图；输入指定的地名，你所需要的相关图片、图像、文字资料就呈现在眼前，并可以随意浏览、放大、缩小。这"活"的地图就是 GIS 地理信息系统。

GIS 地理信息系统（GIS 即 Graphic Information System 的缩写）是由地理学、制图学、遥感与摄影测量学、计算机 CAD 技术、数据库技术等学科和技术综合发展而来的，对地理环境信息进行数据采集、编码、存储、管理、分析运算、显示、更新和提供应用的空间信息系统。GIS 能够完成显示、定位、查询、测距、路径分析、图层控制等功能，能制作各种平面图形和立体图形，将传统的数据库数据带入直观的可视化空间，为用户提供丰富、详尽的地理信息。

经过不断地探索，GIS 另辟蹊径，创造性地完成了如下工作：

首先，用计算机技术来描述和表达复杂的空间地物及其空间位置关系，采用高度抽象的方法将空间地物或现象抽象成几种基本类型——点、线、面和复合对象。采用空间拓扑关系来表达空间地物间复杂的位置关系，包括"相邻""相离""相交""包含""重合"等。

点数据具有特定位置，用于表达离散分布的空间地物；线数据类型是对线状地物或现象的抽象；面数据表达具有一定空间范围和面积的空间实体；复合对象用于对点、线、面无法表达的复杂地物的抽象，通过点、线、面的组合进行表达。

然后，用风格设置和专题渲染作为对空间信息的表达方式。所谓风格设置是指对几何对象设置特定的符号，以区别于其他层或其他几何对象，达到有效表达几何对象的目的，用户可以通过不同的风格直观识别不同地物。地图符号是进行风格设置重要手段。

专题渲染的主要目的是通过各种方式如符号大小对比、颜色层次、各种统计形式等，突出表达空间数据某一方面的专题信息，是更深层次的信息表达。

面对密密麻麻、纷繁复杂的数据，如何使它们"活"起来？先来讲个故事，"八阵图"的故事可谓家喻户晓，相传古代三国时期，东吴都督陆逊打败蜀军大获全胜，

往西追击。进军途中，在离夔关不远的地方，陆逊看到诸葛亮过去布下的一个石阵，由七八十堆杂乱的石头组成，它的四面八方都有门户，以为没什么奥妙，便闯入石阵观看，忽然狂风大作，霎时间飞沙走石，遮天盖地。只见怪石林立，沙石土块重叠如山，听到江涛阵阵，犹如战鼓声声。这时他想往回撤，却找不到出路，被困在石阵中，幸好后来有一个老人引他出阵。陆逊回到营寨后，长叹一声说："孔明真是卧龙，我不如他。"于是，率领军队退回吴国。孔明神机妙算，用一堆石头布下"八阵图"，退了吴兵，被传为千古佳话。

其实，也是同样的原理。GIS 系统中包含了技术人员的"神机妙算"：采集数据、录入数据、精心设计了大量计算机软件程序。就像诸葛亮一样预先建立数据包、数据仓库，存储了许许多多翔实的地理信息数据，布下一个个"机关"。使用者只要轻点按钮，在软件程序的操纵下，打开一个个数据包、数据库，就可以看到一幅幅清晰准确、生动形象、趣味无穷的文字、图像、统计报表等资料，可以了解各个不同层面的地理信息，可以根据用户的需求输出指定的地理信息，地图从此"活"了起来。

　　以前，GIS 是一项专门技术，主要应用于测绘、制图、资源和环境管理等领域。随着技术的发展和社会需求的增加，其应用发展更是一日千里，例如：在分析方面，无论是在屏幕上展示一幅地图或是展现一幅三维的地形模型，都使空间关系更为直观、具体；在城市规划过程中，对城市中警车、救护车、消防车的分布位置以及行车路线进行控制和规划，以保证在紧急时刻，在任意地方至少应有一辆警车或救护车、消防车在最短时间内赶到出事地点。

　　目前，GIS 已经成为信息技术的重要组成部分，它的应用几乎是包罗万象，进入资源管理、城市管理、灾害预测、投资分析、环境保护、城市和区域的规划、人口和商业管理、交通运输、石油和天然气、军事、农业和文化教育等领域，创造出良好的经济效益和显著的社会效益，其发展前景不可限量。

（马慧敏）

计算机也能拍照识字

～～～～～～～～～～～～～～～～～～～～～～～

40 年前，如果有人想把看到的书面文字或图像资料存入计算机，那是很困难的事情。时光进入 20 世纪 70 年代中期，随着扫描技术的发展和扫描仪的出现，这一梦想得以轻松实现。

最初的扫描仪仅能捕捉黑白二值化图像。随着光学、数字、半导体、电子等技术的不断发展，扫描仪经过二值、伪灰度、真灰度等发展历程，到 20 世纪 80 年代中期，彩色扫描仪诞生。从 20 世纪 90 年代开始，扫描仪的应用领域不断拓展，应用软件不断完善并形成系统，广泛运用于图像处理、文字识别、图形识别等领域，极大地提高了人们的工作效率。

扫描仪是一种高精度光电结合的高技术产品，它主要由光、机、电三个部分组成。光路部分最主要的是由几千个感光元件构成的CCD（Charged Coupled Device，光电耦合器）；机械部分是采用步进式的机械传动方式；电路部分主要由控制电路和处理器组成。

按扫描方式的不同，扫描仪可分为台式和手持式两种。其中，台式主要有使用最为普遍的平板扫描仪和主要应用于专业图像领域的鼓形扫描仪；手持式扫描仪主要用于商业及信息管理领域的条形码识别，以及其他各种不适于台式扫描仪工作的环境。无论何种类型的扫描仪，它的工作原理基本是一样的，就是利用光电元件将检测到的光信号转换成电信号，再将电信号通过模拟／数字转换器转化为数字信号并输入到计算机中。

以广泛应用的平板扫描仪为例，简单介绍扫描仪的构成和工作过程。

扫描仪主要由压紧原稿的上盖、放置原稿的原稿台、光学成像部分、主板和带动"扫描头"协调运动的机械传动部分组成。其中，光学成像部分和主板是其至关重要部件。光学成像部分俗称扫描头，即图像信息读取部分，它是扫描仪的"眼睛"和核心部件，用来获取原稿反射的光信息，其精度直接影响扫描图像的还原逼真程度，它包括以下主要部件：作为发光光源的灯管、将原稿信息反射到镜头上的反光镜、将反光镜反射过来的原稿信息传送至CCD的镜头和用于光信号转换成电信号的CCD。主板，是扫描仪的核心。它是扫描仪的控制系统，其作用是控制部件协调一致地动作，包括模拟／数字（A/D）变换器、存有扫描仪技术参数并用于开机自检的

BIOS（基本输入输出系统）芯片、控制输入 / 输出的 I/O控制芯片和暂存图像数据的高速缓存（Cache）等器件。

在需要使用扫描仪时，要先将原稿放于原稿台，并用上盖压紧。机械传动部分的步进电机通过驱动皮带、滑动导轨和齿轮组，精确地带动扫描头以实现线性扫描；扫描头中的反光镜将原稿的信息反射到镜头上，由镜头将扫描信息传送到 CCD 感光器件，CCD 将照射到的光信号转换为电信号，主板完成上述两个步骤的协调控制和 CCD 信号的输入处理、步进电机的控制，在将读取的图像以任意的解析度进行处理或变换所需的解析度后，通过 I/O 接口，将信息输入至计算机。

衡量扫描仪的主要性能指标有光学分辨率、色彩分辨率（色彩位数）、接口方式、高速缓存等。

光学分辨率是指扫描仪的光学系统可以采集的实际信息量，也就是扫描仪的感光元件——CCD 的实际分辨率。例如：最大扫描范围为 216 mm×297 mm（适合于 A4 纸）的扫描仪，可扫描的最大宽度为 8.5 英寸（216 mm），它的 CCD 含有 5 100 个单元，其光学分辨率为 5 100 点 /8.5 英寸 = 600 dpi。由此可见，光学分辨率在某种意义上决定了一台扫描仪的品级。

色彩分辨率又叫色彩深度、色彩模式、色彩位或色阶，是表示扫描仪分辨色彩或灰度细腻程度的指标，它的单位是 bit（位）。色彩位确切的含义是用多少个位来表示扫描得到的一个像素，色彩位数越多，色彩就越逼真。例如：1 bit 只能表示黑白像素，因为计算机中的数字使用二进制，所以 1 bit 只能表示两个值：0 和 1，它们分别代表黑与白。8 bit 可以表示 256 个灰度级。24 bit 可以表示 16 777 216 种色彩，其中红（R）、绿（G）、蓝（B）各个通道分别占用 8 bit，它们各有 $2^8 = 256$ 个等级，24 bit 以上的色彩为真彩，目前还有采用 30 bit、36 bit、42 bit 的机种。

接口方式（连接界面），是指扫描仪与计算机之间采用的接口类型，常用的有并行打印机接口、USB 接口、SCSI 接口和火线接口。SCSI 接口的传输速度快，但价格较高、设置复杂，一般应用在设计领域，而采用 USB 接口或火线接口则更简便。

高速缓存用来临时存放图像数据，大大减少了数据丢失和影像失真等现象发生的可能性。一般来说，高速缓存容量越大，则扫描速度越快，也越稳定。目前普通扫描仪的高速缓存一般为 512 KB，高档扫描仪的高速缓存可达 2 MB。

（陈　波）

信息时代的助手——计算机及其组成结构

第二次世界大战期间的 1943 年 5 月，美国军方为了解决大量军用数据的计算难题，成立了由宾夕法尼亚大学莫奇利（John Mauchly）和埃克特（J Presper Eckert）领导的研究小组，开始研制电子计算机。经过两年半多时间的紧张工作，世界上第一台电子计算机（Computer）埃尼阿克（ENIAC）终于在 1946 年 2 月问世如图一所示。这台计算机耗资 50 万美元，由 17 468 个电子管、7 万个电阻、1 万个电容、

▼图一 第一台电子计算机（1946 年）

1 500 个继电器、6 千个手控开关、5 百万个焊接点组成，占地近 170 平方米，重达 30 吨，耗电 160 千瓦——真乃庞然大物！它每秒钟可以执行 5 000 次加法、357 次乘法或者 38 次除法运算。ENIAC 问世时，第二次世界大战已经结束，美国军方便把 ENIAC 用于氢弹设计、宇宙射线研究、天气预报、随机数研究、风洞设计等领域。

▲ 图二　便携式计算机（21 世纪初）

　　ENIAC 的诞生为人类开辟了一个崭新的信息时代，计算机科学从此一直以惊人的速度高速发展，使得人类社会发生了巨大变化。21 世纪初的便携式计算机如图二所示，重量不到 ENIAC 的万分之一，计算能力却是 ENIAC 的 30 万倍，售价约 1 万元人民币。计算机已经逐步成为人们工作、学习和生活中常用的工具。

　　尽管计算机科学经过半个多世纪的快速发展，计算机的外形、功能、性能都有了很大差别，但从原理上均可以概括为中央处理器、内部存储器、外部存储器、输入设备、输出设备等几部分，如图三所示。

　　处于计算机心脏地位的是中央处理器（CPU），它负责执行命令，对信息进行高速运算与处理，并控制计算机其他部分共同协调工作。计算机处理能力的不断提高主要体现在 CPU 从低级向高级、从简单向复杂发展的过程。

　　输入设备用于把需要计算机处理的信息输入到计算机里。键盘和鼠标的发明和应用使人们向计算机输入信息的方式发生了革命性进步。

输出设备用于把经过计算机处理的信息结果告诉用户。显示器是计算机的输出设备，它使计算机可以及时地把处理结果显示在屏幕上，使用户能够实时掌握计算机的运行状态。

计算机需要 CPU、输入设备、输出设备是很好理解的：用户通过输入设备把需要计算与处理的信息输入计算机，计算机通过 CPU 对信息进行加工处理，再通过输出设备把结果告诉用户。其实，存储器对于计算机同样是极其重要的。

内部存储器（俗称内存）用于存放各种程序和数据，供 CPU 直接访问。计算机在执行任务时，要先把程序和数据调到内存中，这样可以提高处理效率。同时，计算机在进行复杂计算时，也需要有地方（即内存）供系统记忆结果，否则复杂的计算任务就很难完成。

计算机需要外部存储器（俗称外存）来保存暂时不用的信息。硬盘是计算机的外存。所谓"外部"存储器是相对于"内部"存储器而言的。

CPU 和内存是计算机产业发展的最重要推动力，它

▲ 图三　计算机的组成结构模型

们引导、代表了计算机产业的发展。自20世纪六七十年代以来，CPU和内存的发展非常典型地遵循了著名的摩尔定律：集成度和性能每18个月翻一番，而成本却成比例地递减。

除了上述基本功能以外，现代计算机还支持多媒体功能，提供多种接口，如支持麦克风和音频输出、配备支持DVD的光驱、提供高速以太网（甚至无线局域网）接口和USB接口等。

今后一段时期，摩尔定律仍将继续发挥作用。一方面，CPU的处理能力将更强，存储器的容量将更大，计算机软件的功能和内容也将更多；另一方面，计算机也将越来越普及，而人们的生活也越来越离不开计算机，特别是宽带网络的发展和多媒体应用的开发，使得人们利用计算机通过网络可以获得更加丰富多彩的应用和业务，方便地查找、获取人们所需要的信息。随着未来光电子学和生物工程这两项尖端技术被引入到计算机领域，新型计算机将继续朝着超小型、超高速、超大容量的方向发展。

（应必善）

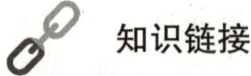

知识链接

冯·诺依曼

ENIAC 研制工作离不开这位数学家。当时任弹道研究所顾问、正在参加美国第一颗原子弹研制工作的数学家冯·诺依曼（Von Neumann，1903—1957，美籍匈牙利人）带着原子弹研制（1944 年）过程中遇到的大量计算问题，在研制过程中期加入了研制小组。原本的 ENIAC 存在问题：没有存储器且它用布线接板进行控制，甚至要搭接几天，计算速度也就被这一工作抵消了。1945 年，冯·诺依曼和他的研制小组在共同讨论的基础上，发表了一个全新的"存储程序通用电子计算机方案"——EDVAC（Electronic Discrete Variable Automatic Computer）；在此过程中他对计算机的许多关键性问题的解决做出了重要贡献，从而保证了计算机的顺利问世。

计算机的指挥调度系统——操作系统

对于计算机，人们看得见摸得着的是它的硬件，人们感受得到的是它的应用软件，而介于两者之间的就是它的指挥调度系统——操作系统，如图一所示。操作系统承担了计算机的硬件和应用软件之间承上启下的关键作用。操作系统对于计算机系统的地位和作用，犹如大脑对于人。

对计算机系统而言，操作系统是对计算机的所有系统资源进行管理的程序的集合；对用户而言，操作系统提供了用户对系统资源进行有效利用和访问的简单抽象的方法。因此，操作系统可以理解为是替用户管理计算机的一种软件。它就好像一个管家，掌管着一个大家庭的所有事务，把主人的日程、来访者接见等等安排得井井有条。

在操作系统出现之前，只有专业人员才知道如何使用计算机，人们通过键盘给计算机下达的命令都是专业的术语或代码。在操作系统的帮助下，用户使用计算机时，避免了对计算机系统硬件的直接操作，减少了由此导致的错误和问题，人们和计算机之间的对话就可以使用一些易懂、易记的语言，而不用去死记硬背那些专业术语或代码了。这降低了对用户使用计算机的要求，既方便了用户，又极大地促进了计算机的普及和发展。

计算机系统的资源主要包括计算机心脏的中央处理器（CPU），用于计算机内部存储程序和数据的内存，用于计算机输入信息的键盘和鼠标等设备，用于计算机输出信息的显示器和打印机等设备，以及存储在外部存储器中大量信息的文件。与此相对应，操作系统的核心，又称为内核，主要由如图二所示的四部分组成，分别是管理 CPU 使用情况的进程调度程序、管理内存使用情况的内存管理程序、管理输入输出设备使用情况的设备驱动程序、管理存储在外部存储器中大量信息存取情况的文件系统。

进程可理解为需要使用计算机 CPU 资源的程序或任务，计算机上通常可以同时运行多个进程，犹如人们常常要同时处理几件事情。进程调度就是要使计算机运行得更像人的大脑，而且，要使 CPU 的处理能力得到充分利用。进程调度机制有先来先服务、轮流服务、抢占服务等策略，这取决于操作系统的定位。内存管理机制主要涉及内存的分配、释放等管理策略。计算机中的内存资源是有限的，一旦使用完毕，必须马上释放，以便供其他任务使用。设备驱动程序，就好像在这个大家庭中为讲不同语言的来访者配备了翻译，使主人可以方便地与其进行交流。有了设备驱动程序机制，才能使诸如数码摄像机、数码相机、手机等，甚至是未来的电子设备接入到计算机，这使得计算机的神通更加广大。文件系统则是帮助用户方便地管理存储在诸如硬盘等外部存储器中大量的文件信息。在信息爆炸的时代，文件管理显得尤为重要。

▲ 图一　操作系统与计算机

在图二所示的操作系统内核之外还有称为系统调用的一层，它是为了便于用户使用操作系统内核提供的功能，对内核进行封装，并作必要的扩展，让用户接触到的是一些便于理解和接受的命令行/命令或者系统库函数。如文件操作相关的系统调用功能包括打开文件，读、写文件，关闭文件等；信息维护类系统调用包括时间的设置和查询，文件属性的设置和查询等。系统调用层为应用程序的开发和用户使用计算机提供了一种很好的界面。

▼ 图二　操作系统结构

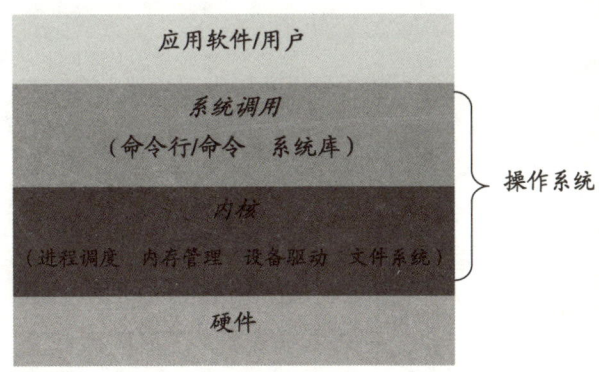

随着计算机软件和操作系统技术的不断发展，尤其是基于图形用户界面的操作系统的出现，使得用户使用计算

机和操作系统功能的便捷性有了质的飞跃。软件开发工具和应用软件的功能越来越强，而用户开发软件则越来越容易、快捷和高效。

计算机硬件技术与软件技术的发展离不开操作系统的支持，同时，硬件技术与软件技术的进步又促进了操作系统的发展。随着计算机软硬件技术的发展，操作系统必将功能更强大，性能更优越，操作更方便，使用更安全。

（应必善）

计算技术的革命——网格计算

～～～～～～～～～～～～～～～～～～～

　　随着计算机技术应用的不断深入，许多领域对计算能力的要求越来越高，出现了超级计算机。超级计算机通过高效组合多个计算机处理器进行并行处理达到超强的计算处理能力，但由于其高昂的价格，超级计算机的应用受到很大限制。随着计算机及网络技术的不断发展，科学家们找到了一种造价低廉而数据处理能力超强的计算模式——网格计算。

　　网格计算把分散在不同地理位置的计算机组织成一个"虚拟的超级计算机"，每一台参与的计算机就是一个节点，整个系统就组成了一个巨大的网格状网络。根据规模，网格计算可以分为三个层次：部门网格、企业网格、全球网格。

　　计算网格的构想来源于电力网格，寓意希望获取高性能的计算能力像获取电力供应一样方便、容易、随处可得。表一列出了电力网格与计算网格的比较。

电力网格与计算网格的比较

内容	电 力 网 格	计 算 网 格
节点	发电厂/发电机	计算中心/计算机
资源	水能、火能、核能等原始能源	计算设备、存储设备、数据、软件等资源
效能	电能	计算力、信息与知识处理
传输	电力网（输电线网）	计算机网（广域网、城域网、局域网）
控制	电力调配系统	网格系统软件
应用	动力、照明、家电等电力应用	科学计算、电子商务、信息服务等网格应用

在日常工作和生活中，正常情况下，人们使用电力的方式很简单：电器设备（功率可以是不同的）接通电源后即可获得源源不断的电力供应，用户不必关心使用的电力是如何产生的，电力来源于什么地方的，而只需为自己使用的电能支付费用。功率不同的电器设备，使用同样的时间所应该支付的费用是不同的。

网格计算的目的也是达到这样的境界：网格将计算与数据资源传送到世界上任何需要它的地方。基于网格技术，人们只要把自己的计算机接入网格，就可以透明地使用网格上的各种计算资源和知识资源来完成自己的计算任务，用户不必关心任务是如何分配的，计算是如何完成的，所使用的计算资源和知识资源来自什么地

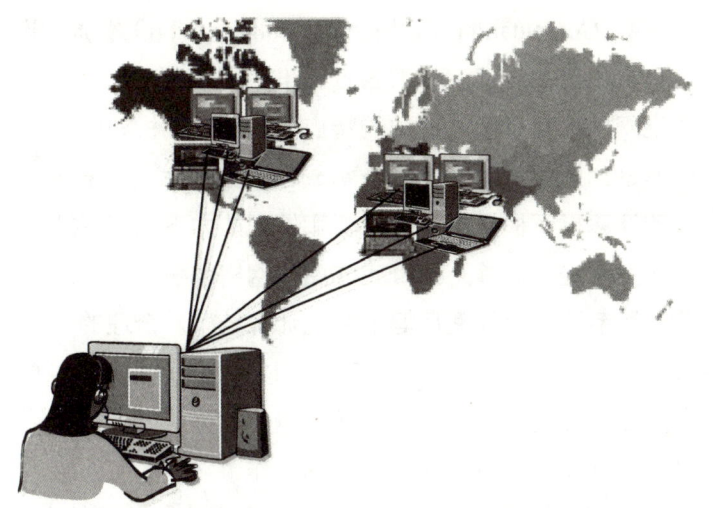

方——这些任务都交给网格系统自动完成了，用户只需根据所使用的计算资源和获取的知识资源支付费用，就如电器用户只需根据使用的电能支付相应的费用一样。规模不同的计算任务，用户所应该支付的费用也是不同的。上图表示了网格计算的情景，用户完成一个计算任务所使用的计算资源和知识资源可能来自世界各地。

互联网技术的发展和普及应用为网格技术的发展奠定了基础：以电子邮件为主要应用的网络计算时代把遍布于世界各地的计算机用 TCP/IP 协议连接在一起；Web计算时代则通过 Web 信息浏览及电子商务应用等信息服务，实现全球网页的连通；而网格计算时代面临的任务是实现互联网上所有资源的全面连通，这些资源包括计算资源、存储资源、信息资源、知识资源、软件资源等。

网格计算的核心思想可用3个C来表达：

计算（Computation）、协作（Collaboration）、通讯（Communication），基于开放性标准的资源共享和协同工作是网格计算系统最突出的特点。网格计算模式的工作原理是：把要计算的数据分割成若干数据片，处于各节点的计算机可根据自己的资源和处理能力下载一个或多个数据片进行计算，计算完成后向网格系统提交中间结果，经系统汇总处理后得出最终计算结果。合理的任务分配策略是实现网格计算的难点和关键：根据一定的方法把要计算的数据分割成合适数量的数据片，使得计算过程中既能充分发挥网格节点的协作，又能尽可能减少相互之间的通讯开销，这直接关系到网格计算的效率。网格系统软件的主要职责就是完成这项复杂的工作。

由于网格计算实现了计算资源的按需分配，彻底改变了传统的计算模式，能够更有效地利用分布式的计算资源，可以实现计算、存储、信息、知识、软件等资源的全面共享，使网格计算能够完成过去难以想象的复杂计算和处理，同时网格具有高度的可伸缩性和柔性，网格规模可根据需要无缝地伸缩。作为解决广泛的分布资源共享和协同工作的新技术，网格计算必将得到越来越广泛的应用。

（应必善）

电子通信产品的基石——集成电路（IC）

集成电路（IC），即通常所说的"芯片"，人们日常生活和工作中接触和使用的家用电器、通信产品、电脑，都使用了不同数量、大大小小、功能各异的芯片——打开电脑的外壳，就能看到主板上使用了大量的芯片。也正是因为有了IC，这些电子通信产品才能得以快速地发展——功能越来越强、性能和质量越来越好、价格越来越便宜、体积越来越小，并不断地改变着人们的生活。故IC被称为是电子通信产品的基石。

不同的IC，而其复杂度则更是可能有着天壤之别。衡量IC复杂度的重要指标是它包含的单元电路数目，包含单元电路越多，则复杂度越高。通常，100单元电路以内的IC为小规模集成电路，100—3 000单元电路的IC为中等规模集成电路，3 000—100 000单元电路的IC为大规模集成电路，100 000—1 000 000 单元电路的 IC 为超大规模集成电路，1 百万单元电路以上的 IC 为特大规模集成电路。

IC 的应用领域极其广泛，军事、民用等所有涉及电子的领域都少不了它。从广义上，根据其应用领域，IC 可以分为通用 IC 和专用 IC。通用 IC 是指使用领域广泛、标准型的电路，如存储器、中央处理器、微处理器等。专用 IC 是指为特定的用户、专门或特别的用途而设计的电路，如手机中使用的专用套片。图一是通用 IC 与专用 IC 的典型示例。

IC 的关键环节可以简单概括为设计、制造、测试等。IC 设计是指根据需求（包括功能与逻辑要求、性能与指标要求）完成版图设计的过程，也就是用特定的语言编制程序，编译后，通过电子设计自动化软件，形成版图文件。IC 制造的关键和核心是流片，也就是用光技术在半导体材料上刻蚀电路的过程，这个过程极其复杂。流片后进行切割，形成裸芯片，然后进行封装，把硅片上的电路管脚用导线接引到外部，以便与其他器件和电路相连接。IC 制造完成后，需要通过多种手段对 IC 的功能

图一　通用IC（左）与
专用IC（右）示例▶

和性能指标（包括可靠性）进行全面的测试，以验证是否达到了预期的效果。通过严格的测试以后，才能进入批量生产和规模商用。

自 1958 年美国得克萨斯仪器公司发明 IC 以来，IC 的发展基本上遵循着戈登·摩尔于 1965 年提出的著名定律——摩尔定律，即 IC 的集成度和性能每 18 个月翻一番，或者说每三年翻两番，而成本却成比例地递减。处理器芯片和存储器芯片是 IC 非常典型的代表。以存储器芯片为例，如图二所示，1 兆比特容量的存储器在 1977年的价格为 5 000 欧元，可以买一辆汽车，1987 年的价格为 30 欧元，可以买一件衣服，到 1995 年的价格为 0.5 欧元，可以买一张邮票。

不妨再大胆设想一下：根据摩尔定律，15 年以后，笔记本电脑的处理能力和性能将是现在的 1 000 倍，手机的处理能力和性能将比现在的笔记本电脑还要强 10 倍。

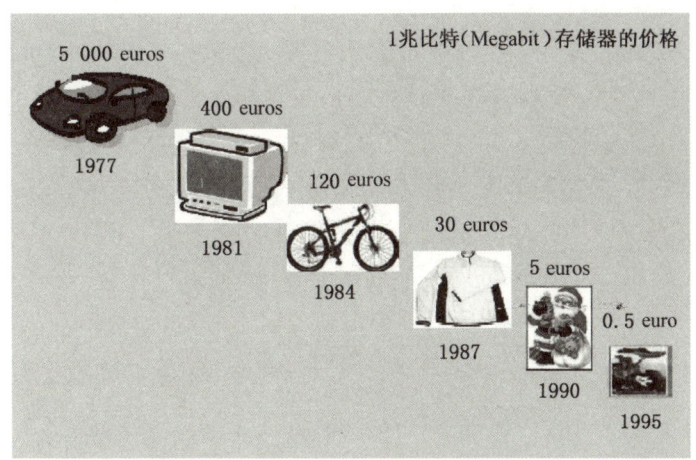

◀ 图二　1 兆比特存储器的价格变化

这些在现在看来是几乎不可思议的事将在 IC 产业的进步和推动下逐步成为现实；而如果离开了 IC，这一切都将无从谈起，当代科技将是空中楼阁、寸步难行！

　　IC 是核心技术和能力的体现，不但因为 IC 的设计、制造、测试各环节都是高科技的集中展现，IC 的设计中往往包含了大量的知识产权——掌握了 IC，就拥有了核心能力；还因为 IC 的高速发展及其对信息通信产业甚至国民经济的推动作用——掌握了 IC，就意味着经济效益。因此，许多国家将发展 IC 产业列为重大战略。

（应必善）

21 世纪微电子技术

～～～～～～～～～～～～～～～～～～～

    1946 年 2 月，当第一台电子计算机 ENIAC 在美国莫尔学院研制成功时，运行速度只有每秒五千次，存储容量也只有千位，而且稳定运行的时间也才七分钟，但是，以当时的技术水平而言，这台计算机的本领已经相当惊人，以至于当时有的科学家就认为，全世界只要有 4台 ENIAC 就够了。很显然他们低估了科学技术的发展，现在全世界的计算机包括个人电脑在内就有上亿台，而且运行速度不知要快多少倍，体积却不知缩小了多少倍。这是微电子技术的进步推动 IT 信息通信技术发展的众多例子中的一个。

    20 世纪 60 年代，电子学产生了一个新的学科分支，研究的是如何利用固体内部的微观特性和一些特殊工艺，在一块半导体芯片上制作大量的元件，从而可在一个微小面积中制造出复杂的电子系统，这就是微电子学。而微电子技术便是微电子学中以集成电路技术为核心的，包括系统和电路设计、工艺技术、材料制备、自动测试等一系列专门技术的总称。随着集成电路技术的不断发展和延伸，微电子学已发展成为一个更为广泛的边缘性学科。

半导体材料，是一种导电能力介于导体与绝缘体之间的物质。利用半导体的这个特点，通过一种特殊的工艺，将金属线等导电体埋入到其内部，形成一个能完成特定功能的电子器件，这就是常说的集成电路。

近几十年来，微电子技术一直以惊人的速度在发展，集成电路的特征尺寸，也就是集成电路中的最小线宽，从以前的几微米发展到现在的 0.13 微米、90 纳米甚至更小的尺寸。一个微米相当于一根头发粗细的几十分之一，而一个纳米相当于一根头发粗细的几万分之一。另外，由于集成度的提高，使平均到集成的器件上的价格降低至原来的百万分之一。

半导体界有个著名的摩尔定律，说的是集成电路芯片上能集成的电路数目，每隔 18 个月翻一番，或者说，微处理器的性能每隔 18 个月提高一倍，而价格却下降一半。正是在这样一种近似神话般的发展速度下，整个半导体产业以及信息产业才能够有现在的规模。不断缩小集成电路的特征尺寸，并进一步提高集成电路的性能一直是科学家研究的重点。只有芯片尺寸做小了，同样的面积上就能够得到更多的芯片，从而芯片的价格就更便宜。在 20 世纪 90 年代中期，人们曾经为 100 纳米和 50 纳米是否会成为集成电路技术的"极限"而展开过一场全球性的热烈讨论；而今天，半导体工艺技术进入 90 纳米，标志着人类的微细加工能力即将进入又一个空前的高度，整个半导体领域的前沿热点从制造技术、器件物理、工艺物理到材料技术等各方面随之全面进入纳米领域。可以预见，在今后相当长的一段时间内，集成电路的特征尺寸还会进一步按比例缩小，集成度还将进一步增加。

微电子技术取得很大进步的另一个方面是，在集成电路设计领域出现的系统集成芯片（System On Chip）概念，简称 SOC。SOC 是一个复杂的系统，它将一个完整产品的各个功能集成在一块芯片上。一个简单的例子是，它可以把一块电脑主板上的，包括 CPU、内存、协处理器等很多元器件都做在一个芯片内部。我们现在的电脑又大又重，但是，如果采用了 SOC 技术，很显然整个电脑主板上可能就只有一块芯片了，主板的体积和重量自然还可以大大地减少。

在 SOC 出现以前，通常我们所熟悉的硬件系统都是由若干集成电路和各种电阻、电容等分立器件在印刷电路板上相互连接而组成的。尽管单个集成电路的速度可以很高、功耗可以很小，但由于印刷电路板中集成电路芯片之间的连线延时、印刷电路板的可靠性，以及重量和体积等因素的限制，整机系统的性能受到了很大的限制。随着系统向高速度、低功耗、低电压和网络化、移动化、微型化的发展，系统对电路的要求越来越高，因此 SOC 的出现就不足为奇了。

目前，微电子技术的进步已经具备将整个系统集成在一块芯片的能力。集成电路设计领域也越来越重视对可重用模块的开发。SOC 虽然很复杂，但是并不一定要从零做起，其内部很多模块都可以直接利用成熟的设计，特别是一些很通用的部分，如数字 / 模拟转换模块、存储器模块等。通过将各个遵循即插即用的可重用模块进行集成，就可以高效、迅速地开发出具备各种功能的 SOC。微电子技术从单个集成电路向 SOC 转变不仅是一种概念上的突破，同时也是信息技术发展的必然结果。目前，SOC 技术已经崭露头角，未来几年将是 SOC 技术真正快速发展的时期。

进入 21 世纪以来，微电子技术所涉及的领域在不断延伸，其所覆盖的范围也越来越广。微电子技术与其他学科相结合，诞生出一系列崭新的学科和重大的经济增长点。作为与微电子技术成功结合的典型例子便是微型机电系统和生物芯片。

微型机电系统（MEMS）是专指那种外形轮廓尺寸在毫米量级以下，构成它的机械零件和半导体元器件尺寸在微米到纳米量级，可对声、光、热、磁、运动等自然信息进行感知、识别、控制和处理的微型机电装置。微型机电系统发展前景广阔，可应用于机械的高级维护系统、微型工厂、人体管腔诊断和检查系统等需要微型、微细机械的场合。利用微型机电系统技术可制成突破通

◀ 集成电路板示意图

信瓶颈的全光交换机、比手掌还小的飞行器、重量仅有几十克的微小卫星等。

生物芯片是一种能对生物分子进行快速并行处理和分析的薄型固体器件，材料一般为玻璃片、硅片、尼龙膜、塑料等。就像计算机芯片是为了制作计算机一样，生物芯片技术是为了制作能够把样品制备、生化反应和结果检测三步集成在一起的微型全分析系统，也称作芯片实验室系统。采用微电子加工技术，可以在指甲盖大小的硅片上制作出包含有多达 10 万种 DNA 基因片段的芯片。研究人员已经利用微电子技术在硅片或玻璃片上制作出了 DNA 芯片，包括 6 000 余种 DNA 基因片段。

（仲智刚　冯根宝）

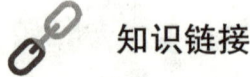

知识链接

纳米电子学

从 20 世纪 80 年代开始，科学家开始探索特征尺寸为纳米量级的电子学，纳米电子学主要研究以扫描隧道显微镜为工具的单原子或单分子操纵技术。这些技术都有可能在纳米量级进行加工，目前已形成纳米量级的、信息存储器，存储状态已维持一个月以上，希望用此技术去制作 16GB 的存储器。德国的福克斯博士等制出了原子开关，达到了比现今芯片高 100 万倍的存储容量，获得了莫里斯奖。量子力学告诉我们，电子与光同时都具有粒子波的特性，电子的波动性质再也不能忽视，把电子视为一种纯粹粒子的半导体理论基础已经动摇。这时电子所表现出来的波动特征和拥有的量子功能就是纳米电子学的任务。

强大而无形的工具——软件技术

发明计算机的初衷就是为了帮助人们解决繁杂的计算问题，而软件则是运行于计算机上的程序系统。

电脑软件是由各种层次的电脑语言编写而成的。最底层的叫机器语言，它都是由 0 和 1 组成，因为计算机只认识 0 和 1 组成的代码。上面一层叫汇编语言，它只能由某种电脑的汇编软件翻译成机器语言程序，才能执行。我们常用的软件则是用更高一层的高级语言所编写的。例如 Visual Basic\NET、C++、Java、Delphi 等等。在运行这些高级语言所编写的软件程序时，都必须先由一个叫作编译器或者是解释器的软件将高级语言程序翻译成对应的机器语言程序，这样计算机才能"读懂"程序，而后运行。因而，信息时代中，我们所接触的软件系统则大多是由高级语言来开发的。

信息时代，人们每时每刻都会接触到不同的信息数据。然而这些单纯由数字组合起来的信息是相互独立的。如何让这些信息对我们更有价值？这就需要使用合适的工具，对这些信息进行筛选、分析、挖掘、理解这些信息所包含的意义。这个工具就是软件系统。软件是工具手段，而信息就是载体。所以，软件的作用，就其实质意义而言，就像标尺和计算机一样，是人们很好的辅助工具。

以一汽车企业的生产为例，向人们展示一辆汽车从设计、生产、制造这一系列过程中，软件技术是如何发挥其作用的。

首先，一辆汽车的成型，最初需要由设计人员来构图。一个个零件的放置不仅要考虑到汽车结构的本身，还需要考虑在车辆运行中零件相互间的作用与磨合，其中还涉及一系列复杂的数学计算。一般设计师使用专业的绘图软件会将这些因素考虑进去，常用的专业绘图软件有 CAD（计算机辅助图像设计）系统等。通过 CAD设计出来的图形与传统的不同，在呈现具体汽车模型的同时一并包含了需要哪些具体的零部件，具体的数量是多少等。

在进入生产之前，CAD 系统需要通过特殊接口将具体的零件数据传输到专门负责汽车生产的管理系统中（由于生产管理系统与 CAD 工具是属于不同的软件系统。系统与系统之间数据的传输，是通过"接口"来实现的）。

下一步的操作，则是生产。其实生产过程并不是单独的操作，它需要和其他各个部门环节紧密配合。与前期的原材料采购、产品库存、生产计划、公司的财务状况、产品的销售环节紧密相关。这就需要有专业的生产管理系统来统筹管理各个环节的操作。

同时，汽车的厂商又有众多的汽车零部件供应商。一辆汽车所涉及的零部件名目繁多，包括企业发动机、座椅、轮胎、汽车空调、汽车玻璃等不下上千种。管理协调和这些零部件制造厂商的供求合作也是一项繁杂的工作。汽车生产厂商自身存放货物的位置有限，如果让所有零部件厂商都将自己的产品拿过来，再大的厂房也装不下。

经过实践，人们想了办法，就是按着汽车厂商的生产流程走，企业流水线进行到具体的位置，就通知到相关的供应商。例如一家生产汽车空调的企业（我们先称其为 A 企业），是专门为某汽车生产商（B 企业）提供汽车内的空调设备。生产之前，B 企业与 A 企业会签订一个协议说明，今后一段时期之内大约会需要多少台不同车型所需的汽车空调，空调的数量分别是多少。这是个大致的订单数量，确定之后，A 企业会输入到自身的生产管理系统中，然后根据订单数量和企业自身实际生产能力，安排出具体的生产计划。

另一方面，由于汽车生产过程中要涉及上千种的零部件，B 企业自身会有个管理系统，在管理着与汽车生产相关的零部件的发送和调配工作。每天都需要通过系

统来精确计算出当天或是第二天所需要的原材料。如果
B企业计算出第二天的上午10点左右，汽车的流水线会
需要装配汽车空调，B企业就会通过内部传输系统通知
A企业："明天需要有关于X型号的汽车空调500台，于
上午10:00送往B企业。"这个周期往往是一两天，甚至
更短。

供应商收到之后，必须要按时送到。既不能过早，
因为B企业中能够存放的地方有限，可能没有地方放置。
也不能过晚，否则汽车生产流水线进行到需要装配空调
的时候，如果没有所需元件就要停下来等，所造成的损
失是难以估量的。

就是通过软件系统才产生出最为科学的生产组合。
随着竞争的日益激烈，汽车产业链的高效合作也显得越
来越重要，软件系统也成为其中最为关键的因素之一。
软件系统的背后，则是海量的数据。通过系统的穿针引
线，收集整理出有效的结果，最终成了企业的"生产命
脉"。同时，生产程度越先进，流水线上的工人就越少，
很多都是由机器人来完成的。所有这一切有条不紊地进
行，都需要软件系统这个"大管家"在背后操控着。

（蔡卓尔　吴在华）

数字化影像档案库——信息压缩技术

~~~~~~

　　压缩技术是随着计算机的发展而逐步兴起的。经过了几十年的不断发展，已经为人们做出了卓著贡献。留心观察一下，会发现人们每天都会接触到各种各样压缩技术所衍生出来的产品。例如，对声音进行压缩处理的 CD 唱片、影像压缩的 DVD，以及对图像压缩之后的网上图书馆，等等。

　　为什么要对我们听到的声音，看到的图像进行信息压缩处理呢？举个简单的例子。一般我们用数码相机所拍摄照片的信息量大约在 1—2 Mb（兆［M］为数据存储的大小单位）大小左右，如果我们使用 64 Mb 的存储卡，最多只能存储 64 张的图片。

　　如果对图像进行压缩，将原先 1 Mb 的文件压缩到 1/10 大小。这样 64 Mb 的存储卡不是可以存储 600 多张的图片吗？单张图片的传输不是可以更快吗？正是因为这样的需要，加速了压缩技术的发展。压缩技术的对象就是语音、图像和视频信号。由于语音的数据量较小且基本的压缩方法已经成熟，目前的数据压缩研究主要集中在图像和视频信号。

一般图像的压缩分为有损压缩和无损压缩两种。无损压缩就是利用数据的统计冗余进行压缩。它只是改变数据元素的组合，其压缩比率大致为 2:1 到 5:1 左右。如果需要恢复到原先的图像，并不会产生任何的失真现象。也正因为如此，无损压缩所起到的效果有限。相比之下，有损压缩的效果要明显高于无损压缩。

在引入有损压缩的概念之前，有必要先介绍一下有损压缩所采用的原理。人类视觉有一个特性，那就是对图像中的某些频率成分并不十分敏感。例如在青青的池塘中有一枝莲花，如果我们删除池水与莲花相接的边缘部分颜色，并不会对我们观看整张图像产生太大的影响。因为大脑会利用与附近最接近的颜色来填补丢失的颜色，人眼觉察不到一种颜色与其邻近颜色的细微差别，所以也就没必要将每一种颜色都保留下来。因此，压缩视频、音频、图像文件的过程实质上就是去掉我们感觉不到的那些色彩的数据。

压缩技术经过几十年的发展，有了多种方法。常用的有以下几种：

霍夫曼编码压缩——其基本原理是频繁使用的数据用较短的代码代替，很少使用的数据用较长的代码代替，每个数据的代码各不相同。这些代码都是二进制码，如：有一个原始数据序列 ABACCDAA，则 A 表示成（0），B 为（10）、C 为（110）、D 为（111），压缩后为 010011011011100。简单有效，因而得到广泛的应用。

JPEG（联合摄影专家组，Joint Photographic Experts Group）——是目前使用最为广泛的压缩标准之一。JPEG 的压缩原理就是在霍夫曼编码压缩技术的基础上，延伸出二维的组合。它将每个原始图像看成是有 8×8 个点组成的矩阵。并以此矩阵中每一个点为一个单位进行处理。处理的原理就是上述的霍夫曼编码原理。压缩之后，图像大小比例可以从 1% 至 90% 不等。

下面举例说明压缩技术在我们的现实生活中是如何得以精彩运用的。

许多人查资料找文献时首先想到的往往是传统意义上的图书馆。如今的网络技术日益发达，人们开始考虑是不是可以将图书馆的藏书搬到网络上，让所有的图书爱好者都能通过网络在线寻找到所要书籍资料。于是，通过图像捕捉工具，例如扫描仪等设备，将文字资料转换成数字化的图像。数字化的网上图书馆应运而生。

如果将每本书的数字化影像全部都搬到网络上来，可是需要海量级的数据库存储，而且网络上传输、浏览的速度非常之慢，如何能够承受成千上万人次同时在线访问？

因此，在这里，压缩技术发挥了它强大的功效。存储技术对这些数字化影像图像进行压缩处理，通过前面

介绍的 JPEG 技术或其他，将原先几兆的图像按照有损压缩的模式压缩成原先的百分之一大小，力求在最小文件的前提之下呈现最为清晰的图像。利用更小的物理空间，存储更多的内容。

这样读者就可以先到网上查看书籍的影像，再权衡是否需要实地翻阅，大大节约了时间，适应了社会的节奏。压缩技术的运用，使得海量的文献"搬"上网络变成了可能。

压缩技术的发展有一个非常有意思的特点，就是从"私有"到"公开"。早期，图像存储的格式都是采集者自行定义的。现在压缩技术有了统一的规范。这样不仅有利于技术的运用，更能吸引更多的技术人才在统一公开的平台上，共同研发最新的压缩工具。

我们可以预见，未来压缩技术会向着图像更小、文件损失也更小的方向发展。寻求质量与大小的最佳平衡点，这正是压缩技术发展的目标。

（吴在华　蔡卓尔）

信息存放的大容量仓库——数据库

近年，在全球信息化大潮的推动下，计算机的硬件、软件技术在各行各业得到了广泛应用，如使用信用卡消费、使用医保卡就医等等。此时，用户所访问的是存储在某个数据库中的数据。尽管不同的用户界面隐藏了访问数据库的细节，甚至大多数人根本没有意识到此时此刻他们正在和一个数据库打交道，然而今天，访问数据库已经成为人们生活中的一部分。

20 世纪 60 年代初期，第一个通用数据库在通用电器公司设计而成，它便是网状数据模型的基础。20 世纪 60 年代末期，IBM 开发了信息管理系统数据库，属于层次数据模型。到了 20 世纪 70 年代，IBM 研究实验室推出了关系数据模型的数据表框架，这就是现在广为使用的关系型数据库。

数据库——简而言之是用于存储大量信息的仓库。我们现在所认识的数据库已经成为一个系统的概念，即数据库系统。数据库系统必须对存储的数据进行管理。管理涉及信息存储结构的定义，又涉及信息操纵机制的提供。另外，数据库系统还必须提供所存储数据的安全性保证，即使在系统崩溃或者有人企图越权访问时。

数据库又是如何与现实世界联系起来的呢？在数据库的世界里，使用 E-R 模型（实体—联系模型）来表示现实世界。E-R 图是由实体、联系和属性所组成的。就拿我们每个月的电信账单来说吧，每个用户就是实体，通话记录也是实体。用户的姓名、电话号码、家庭地址、邮政编码等用来描述用户性质的信息就是属性。对于通话记录来说记录编号、通话开始时间、通话结束时间、通话费用也是通话记录的属性。实体就是这样通过一组属性来表示的。实体和实体之间的关联，在数据库中就称之为联系。某个用户打了一次电话，那么在系统中会产生这个用户与这次通话记录之间的关联。于是，用户实体与通话记录实体就产生了联系。E-R 模型就是这么将数据库与现实世界联系在一起。

当系统设计师用 E-R 模型描述出现实世界以后，我

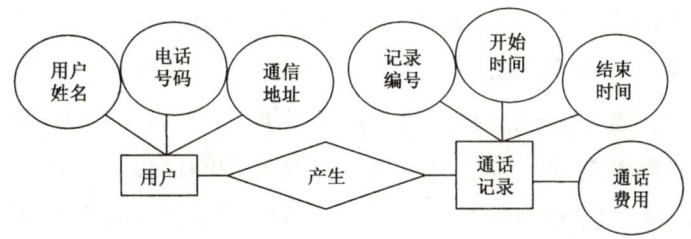

◀ E-R 模型图示

们就要将它转换为数据库的关系表结构。每个实体对应于一张表，实体上的属性即为一个个字段。当关系表创建完成后，就可以为每张关系表添加内容，每一条内容，称之为记录。在数据库中，数据就是以一条条记录的形式保存下来的。

用 户 表

用户ID	用户姓名	通信地址	电话号码
001	张三	北京西路1001号	52120001
002	李四	南京东路20号	52111122
003	王海	南京东路25号	52111133
004	叶维	北京西路1465号	52120033

通话记录表

记录编号	用户ID	开始时间	结束时间	通话费用
0001	001	20050101103021	20050101103121	20
0002	001	20050101170000	20050101170303	30
0003	003	20050101180503	20050101180705	20
0004	001	20050102063021	20050102063025	20
0005	002	20050102085003	20050102085608	60

　　为了让人们方便地、高效地存取数据库中的信息，数据库也要用"语言"来与人类交流，这种数据库的

"语言"，称之为数据库查询语句——SQL（结构化查询语言）。尽管 SQL 是数据库查询语句，还提供了用于更新、插入、删除信息的结构。数据库管理员通过 SQL 与数据库沟通，通过 SQL 获取数据库中的信息。计算机程序员也可以通过编写一段程序来调用 SQL，从而将信息源源不断地提供给用户。SQL 语句究竟是怎样的呢？还是来说说电信账单吧，如果客户想查找所有用户名叫"张三"的通话记录在数据库中就用这样的表达方式：

SELECT * FROM 通话记录，用户 WHERE 用户名 ="张三" AND 用户 . 用户 ID= 通话记录 . 用户 ID

在数据库系统中执行这句 SQL 后，系统将返回所有用户名叫"张三"的通话记录。其实，数据库查询语句就是把我们平时说的话翻译成数据库能听懂的话，从而让数据库为我们提供有用的信息。

任何人是不是都可以通过 SQL 访问和修改数据库的信息呢？如果答案是肯定的，我们就不必交付每月的电话账单了，因为我们只要将费用设置为"0"即可。天下是没有免费的午餐的，数据库必须具有安全性和完整性。通常数据库管理员可以给用户授权，从而规定不同的用户只能访问各自的数据库部分，或者对某部分有只读权限，而对另一部分有修改的权限。授权信息存在一个特殊的系统结构中，一旦系统中有访问数据的要求，数据库系统就去查阅这些信息。当用户拿着电信账单到营业厅支付费用后，营业员将账单付款情况修改成"已付款"，他却没有办法改变账单金额，那是因为营业员对该部分数据没有修改的权限。在用户通过信用卡付款时，实际上是对数据库进行了两个单独的操作，即对信用卡账户执行取款操作，以及对电信账户执行存款操作。在没有故障的情况下，这两个操作将正常进行，但是一旦发生故障，数据库必须保证要么两者都执行，要么两者都不执行。这样才可以避免数据的不一致，即使在操作失败的情况下也不会对数据库产生任何影响。在数据库中，通过"事务管理机制"来实现数据库的完整性。

（王　懿）

 ## 知识链接

数据库中数据的性质

1. 数据整体性：数据库是一个单位或是一个应用领域的通用数据处理系统，存储的是属于企业和事业部门、团体和个人的有关数据的集合。数据库中的数据是从全局观点出发建立的，按一定的数据模型进行组织、描述和存储。其结构基于数据间的自然联系，从而可提供一切必要的存取路径，且数据不再针对某一应用，而是面向全组织，具有整体的结构化特征。

2. 数据共享性：数据库中的数据是为众多用户所共享其信息而建立的，已经摆脱了具体程序的限制和制约。

一卡在手　出行潇洒走一回——公共交通卡

〰〰〰〰〰〰〰〰〰〰〰〰〰〰〰〰〰

如今，上海、大连等城市的居民，坐地铁、乘公交、叫出租，不少人都是使用公共交通卡支付费用的：把一张名片大小的卡片朝读卡机上一靠，"滴——"的一声，付费完毕。快速、方便，潇洒走一回。公共交通卡是我国目前各种消费卡中普及率最高、使用频次也是最高的一种卡，是信息科技给人们带来实惠的一个实例。

公共交通卡的学术名称是："非接触式射频识别卡"。与装在车上、学术名称为"射频读写器"，俗称"读卡机"的设备配套使用。"非接触式"是指刷卡消费时，"卡"与"机"不必接触，只要靠近即可，距离在 10 厘米之内，约一拳之间，靠近些更容易识读。"射频识别"是指"卡"与"机"两者之间信息交换所使用的无线电波频率是在 3 kHz 至 3 000 MHz 的范围之内，可以用天

线辐射出去，因而成为"射频"。上海公共交通卡使用的无线电工作频率为 13.56 MHz。持卡人最为关注的是这张"卡"，它里面夹有什么奥秘？又是如何工作的？我们来个"透过现象看本质"吧。

揭开卡表面的一层纸，可以看到卡的中间夹层里有两个部件：一个红色的线卷和一粒黑色的芯片。线卷是用直径比头发丝粗不了多少的漆包铜线沿着卡的外围边缘内侧绕制而成，呈矩形状态，共 5 圈，也有用 3 圈的。这一线卷的功用有二：一是当作收、发无线电波用的天线；二是电磁感应产生电能。因为交通卡本身没有电源，所以它也起到了供电的作用。线卷的两头与芯片连接。芯片就是集成电路块，它的体积小得可怜，比一粒早春红玉的瓜子还小、还薄，否则怎么能封装在一张薄薄的

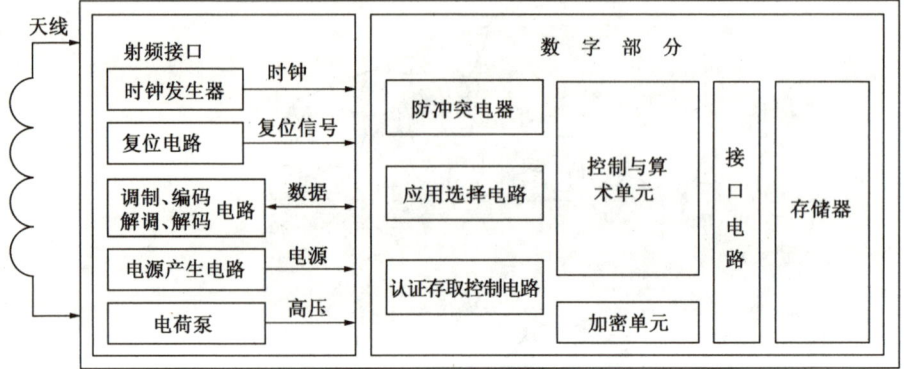

天线

射频接口
- 时钟发生器 → 时钟
- 复位电路 → 复位信号
- 调制、编码解调、解码电路 → 数据
- 电源产生电路 → 电源
- 电荷泵 → 高压

数 字 部 分
- 防冲突电器
- 应用选择电路
- 认证存取控制电路
- 控制与算术单元
- 加密单元
- 接口电路
- 存储器

▲ 芯片结构示意图

纸片之中呢？它可是微电子技术的产品，内部集成了数以万计的电子元件，并由这些电子元件构成多个具有独特功能的专用电路和工作单元。其中有：射频接口、电源产生电路、时钟发生器、调制解调器、复位电路、防冲突电路、应用选择电路、认证存取控制电路、控制与算术单元、加密单元、存储器等等。这些专用电路和工作单元担负起了刷卡消费必须完成的各项任务，以及应对可能遇到的各种问题。见上图：

平时，装在车上的射频读写器的读卡头不断地发出频率极高的无线电信号，犹如一位认真负责的乘务员等候着随时可能到来的乘客。当上车乘客手持公共交通卡靠近读卡头时，卡中的线卷（天线）感应到无线电信号后，由电源产生电路产生电能，卡被激"活"，进入工作状态，卡、机之间由无线电磁波建立联系，交换信息，并按照编定的程序逐步运作。

先是辨认卡的"身份"，看它是不是本市公交系统发的、允许使用的那张卡，这就是"认证"。确认无误后，接着是"读卡"，读出卡中的有关信息，如余额数等，再是做算术运算，如累计乘车次数和所需的票面金额，然后做减法，即作扣款处理。接着是"写卡"，把做过减法后的余额数重新写入卡中。可能还有其他内容的变更。再接着是"存储"，把新的内容寄存起来。如内存容量为 8 K（千字节），可存一篇约 500 个汉字的文章。最后将卡置于暂停工作状态。以上整个过程，说来话长，实际用时极短。信息交换的通信速率为 106 K，卡、机之间需要交换的所有信息，通过无线电波近距离的收、发瞬间完成。刷卡时"滴一"的一声，大约十分之二秒时间，之后把卡拿走，远离读卡机。因为卡本身没有电源，离开了读卡机的卡不再有任何动作了，处于"休眠"状态。

如果是要在卡上存入金额，则上述的"算术运算"工作就做加法，读写器发出的信息令卡内在原有的金额上加上存入的金额。你交上的是现金，而你卡上加上的是虚拟的金额，从而完成了"充值"任务。

乘客有时因老卡上的钱即将用完，就再带上一张新卡，如不留意，把两张卡叠放在一起，同时靠近读卡机，要是读卡机对两张卡都作扣款处理，乘客不是亏了吗？不会的，芯片中的防冲突电路为应对这个问题会作专门的处理。由它把关，不使乘客受损。当然，最好还是不要出现双卡或多卡同时使用的情况。

为了防止极个别懂电子技术、又心术不正的人对公共交通卡私自充值，非法使用，芯片中有加密单元，使得不掌握密码的人无法侵入，用密码技术确保使用安全。

薄薄的一张公共交通卡，还有许多其他功能，不一一列举了。卡中小小的一粒芯片，竟能承担起那么多的工作任务，令人惊叹，也可见微电子技术的魅力有多大呀！

使用公共交通卡，快速、正确、方便，深受大家欢迎。知道了公共交通卡的结构和系统的工作原理，我们会更好地使用和保护这张卡了：读卡时，快速贴近读卡机的读卡头部位（读卡区域），稍作停留，然后快速离开。对卡不可折拗，避免重力敲击，防止断裂和撕揭。

非接触射频识别卡与射频读写器配套组成的工作系统，采用的是射频识别技术，英文缩写为 RFID。这项技术具有存储数据容量较大，存储信息更改自如，不必实时联网操作，还可以加密。且使用寿命长，达 10 万次以上，实际可操作 65 536 次，数据保存期为 10 年。读取距离较大，具有防水、防磁、防高温等优点，应用前景十分看好。我国第二代身份证就是采用这项技术的，它的使用量有多大啊！现在商品零售行业也已开始采用这项技术了，使得服务质量进一步提高，管理水平更上一层楼。

（施善昌）

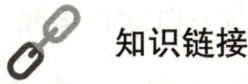 **知识链接**

交通卡优缺点

　　非接触式 IC 卡具有较高的通信速率，不需要拔插的过程，在很短的时间内就可以完成对卡片的操作，非接触式 IC 卡非常适用于对交易速度要求高、刷卡人口比较集中的场合，如地铁、高速公路的进出口、门禁、公交等场所。

　　任何事物都有其双面性，非接触式 IC 卡也毫不例外地存在缺陷：天线和卡内的专用芯片通过焊点连结，当卡片弯曲过度时，卡片易失效；在一些射频干扰比较厉害的场合，通讯易失败；安全性也低于接触式 IC 卡等。但无论如何，非接触式 IC 卡作为一个新的技术，仍有其强大的生命力。

企业现代化管理的标志——办公自动化系统

办公室自动化是近年随着计算机技术发展而提出来的新概念。办公室自动化英文原名是"Office Automation"，简称为OA。办公自动化系统，一般是指以实现办公室内处理工作事务的计算机自动化管理为基础，利用先进的科学技术，借助各种各样的设备来解决对办公业务的处理，达到提高工作效率和质量，以及方便管理和决策的目的。而办公自动化则包括更广泛的意义，凡是在传统的办公室中采用各种新技术、新机器、新设备从事办公业务，都属于办公自动化的领域。

随着计算机、网络技术的日益飞速发展，计算机、网络技术已经渗透到政府、企事业单位及校园的日常办公中，其中公文、报告、报表、数据、邮件等各类公文及信息传递量也随之越来越大，涉及的部门、下属单位及合作伙伴也越来越广泛。传统的手工处理文件、报表、信息等的传递方式已经不能满足现代社会发展的需要，在一定程度上影响了领导的决策和业务的发展。因此目前迫切需要利用计算机、网络技术，以实现政府、企事业单位的信息化建设，加强公文及信息流转的自动化进程，据此而言办公自动化的应用应该成为企业管理现代化的标志之一。

20 世纪 70 年代中期一些政府、企事业单位的日常办公都依靠人工传送各种文件、业务文本、通知、信息等，各单位之间为了进行信息、公文的传递，不仅浪费了大量的人力、物力、财力，还造成公文、信息流转速度慢、资源难以共享等问题。这样的传统办公管理方式在提高效率方面无法做到根本性突破。因此，我们需要建设一个安全、可靠、高效能的、现代化的办公手段来彻底改变这种传统的办公管理模式。20 世纪 80 年代初办公自动化在我国提出，至今已有近二十几年的发展历史。最初，一些企事业单位开始逐步使用计算机进行办公（公文的流转、信息的传递）。后来由于计算机的普及，越来越多的计算机进入到各个企事业单位中，这些单位逐渐适应了利用计算机进行文件处理和信息传递等工作。在 20 世纪 90 年代中后期，网络在我国快速发展，越来越多的单位开始利用网络资源在内部建立局域网进行办公。这些高科技设备成为办公的有力工具，也很快地融入企事业单位中。为此，1999 年年底在人民大会堂举办了成果展，从此揭开了我国办公自动化时代的序幕。

传统的办公室业务，主要是进行大量文件的处理、文件归档、信息传递、申请报告、财务报表等业务。而现在的办公业务随着人员、部门的不断扩充，包括公文的流转处理、电子文件的排版、项目审批管理、会议管理、电子表格的处理、电子归档的管理、办公日程安排管理、人事档案管理、财务报表统计、员工自助数据库等，这些办公室业务都可以应用办公自动化系统来处理。这一管理系统能极大地提高工作效率，办公室工作人员不再拿着各种文件、申请单据在各部门之间跑来跑去。

　　目前我国的办公自动化系统大都采用了最新的浏览器—服务器技术和客户端服务器技术，整个系统具有很强的扩展能力和灵活性，符合当前计算机技术的发展方向。既具有浏览器—服务器结构应用的部署灵活、使用简便，安全性好，维护简单，又具有客户端—服务器技术结构应用的界面快速、适合流程操作的优点。

　　采用浏览器方式开发的办公自动化管理系统拥有统一美观的界面、简单的操作、个性化的设计且维护简单，能提供大部分用户所需要的办公自动化管理功能和基本需求，减少一般用户和系统管理员的使用和管理难度，同时拥有良好的系统扩展能力和与其他系统的兼容能力及信息共享能力。普通人群在使用后反映一些简单的功能会产生意想不到的效果，如系统中很简单的电子邮件模块的使用就加强了同事间的联系，促进了同事间的友谊，同时也方便了日常工作。又如合理化建议等栏目提高了大家的参与意识，使企业更接近人性化的管理模式，并促使大家主动关心企业的发展战略，在积极地参与过程中，自身素质也得到了提高。

目前，各企事业单位已经充分利用办公自动化管理系统来进行管理工作，一些大型企事业单位的办公自动化系统已由传统的局域网内的互联上升到了支持移动办公、远程办公等更广阔的领域里。随着办公自动化系统在各个地方的不断推广，技术的不断增强，它发挥的作用将会越来越大。在今后的一段时间内，它将会发展成为一个企业门户，也是更广义的企业信息门户的一个组成部分，这就是今后办公自动化系统应用的发展方向。

（周洁颖）

 知识链接

通信发展简史

形体时代　通过身体、眼神、手势及山石树木等自然媒体相结合传递信息。

口语时代　直立行走使得人类对信息传递方式的需求提高从而催生了语言。

文字书写时代　随着生产力的发展人类对信息记录有了需求，文字随之产生。

Intranet——火车票联网售票

~~~~~~

　　大家外出旅行，不少的人会选择火车作为交通工具。近几年来，铁路客运服务有了一个很大变化，即火车票发售采用网络售票方式作业。众多售票点的售票员不再是按预先分配到的各个车次票签条来发售车票，而是在终端上敲击键盘，按旅客需要查看票额，做到了一窗有票，窗窗有票。铁路客运部门是通过一种名为 PMIS 客票系统的 Intranet 网络来实施网络售票的。

　　Intranet——是一种使用因特网（Internet）技术的内联网。它是一种供企、事业，特别是跨地区、跨国企业，内部使用的、应用因特网技术的计算机网络。它可以是封闭式的，与因特网互相隔离的孤立网络，也可以是以有限方式接入因特网的半开放网络。铁路的 PMIS 客票系统就是一种封闭式的内联网，而电信企业的网上交费、查询系统就是一种半开放的内联网。

在没有实行联网售票前，火车票的发售过程是这样的：当旅客来到售票点，首先要按照旅客的去向、座别选择对应的售票窗口，然后说出欲购买车票的车次、到站、日期、座席和数量。售票员据此在票签夹上寻找与旅客所需的车次、日期、座席相符的票签条，找到相符的便将其取下贴在事先印制好出发、到达站站名和票价的车票卡片上，加盖出售点标识，收款交票。如果找不到相符的票签条就意味着旅客买不到所需的车票。使用票签条主要是为了保证同一日期、同一车次座席的车票不会重复出售。但票签条的使用也有一定的不利影响：有票签条的售票点不一定有旅客来买，其他售票点尽管有旅客要买却没有票签条无法卖，造成票额浪费，运能浪费。同时，由于整个售票过程是手工查车票余额，靠人手算票款，找零钱，出一张票要好几分钟，造成旅客排长队买票现象。

为了方便旅客买票，铁路部门的售票点数量要多，分布位置要广，只要需要，即使目前还不通火车的地方也可以设售票点。同时售票速度要快。为了使众多售票点能够在统一管理下，同时卖票，大家很自然会想到，采用计算机，像因特网一样联起来，不就行了吗？这个方法好，但不完全。因为火车票的发售是铁路企业的一个生产环节，为了服务好全社会，它必须在全过程受控的情况下进行，除了车票余额外的信息，其他信息不可能像因特网上的信息一样对全社会开放。铁路的 PMIS 客票系统采用了 Intranet 模式的内联网。它是封闭式的，只对铁路客运票务部门开放，保证了售票全过程一直在铁路客运管理部门的监督、管理下，它又采用了因特网的数据关联传递和阅读技术，使售票点查看不同日期、车次、起点站、终点站和座别的车票余额时，查看的速度很快，再加上使用计算机操作，大大缩短了旅客买票的等候时间。

要做到既可以异地售票，又不会像以前非联网售票时随之产生的票额浪费，真正实现一窗有票，窗窗有票。为此，客票系统采用了因特网的网页技术，对车票余额进行实时、动态式地一一对应扣减。用这种方法来保证即使在购票地点和乘车地点不一致时，旅客购到的车票也不存在重票现象，同时又不会发生明明一个售票窗有票，而其他售票窗却买到票的票额浪费情况。

系统的建设费用相对要低。由于我国铁路线长点多，客票系统网络规模很大，售票点数以千、万计，如果每个点建设费用能降低 500 元的话，那就能节省几十万、几百万的投资。由于 Intranet 网在网络结构上采用因特网的技术，也就是说能上因特网使用的计算机，只要增加一些软件就能在客票系统使用。由于计算机终端的通用性，无疑会较大幅度地降低建设费用。

内联网的应用特点是广域、私有、实时互动交互性。

由于内联网是为某个特定团体对象使用的，在网络的安全性上可以采取较多的措施，因而其数据传输的安全性较高。试想如果网上交费系统不能确保用户银行账户安全的话，又有谁敢使用呢?

内联网系统的用途往往比较专一，因而它的应用软件可以量身定制，使得应用系统的实时交互性性能优良。正是这一点使得众多售票点既可以同时运作，但又能保证售出车票座席的唯一性。

Intranet 和其他内联网一样，其网络的物理通道是使用专用传输通道来连接的。在跨地域的分支用户较多时，其网络的建设、运行成本都较高。近年来，由于技术的发展，Intranet 网开始利用因特网作为其虚拟专用传输通道来连接异地用户，也就是说，用户只要以本地接入的代价，就可以实现远程接入，并仍能保证其安全性。成本的降低也加速了 Intranet 网的发展。

所谓 Intranet 网络的半开放，是指因特网的公众用户在 Intranet 网络的拥有者的授权下，可以登录该网络，受限制地获取、交换信息。

Intranet 网络架构采取封闭式，还是半开放式，是由该网络的应用来决定的。在同样的硬件、软件的条件下，封闭式 Intranet 网络信息安全性优于半开放式 Intranet 网络。但是在当今开放的世界，半开放式 Intranet 网络能使拥有网络的企业更贴近用户，提供更好的服务，从而获得更多的商机。为了既要对公众开放，又要保证数据安全，Intranet 网络技术也有一些新的发展。例如，将 Intranet 网络分为内网、外网二部分，中间采用数据岛技术完成内网、外网间的数据的交换，而任一时刻，内外网始终保持物理隔断。这样可以保证作为核心的内网，

最大限度保持不受外部非法入侵攻击，确保数据的安全性。另一方面，也保证对外部正常数据需求的提供、交换，避免了数据孤岛情况的出现。随着信息安全技术的发展，Intranet 网络的网络拓扑，也从客户机—服务器架构向浏览器—服务器、客户机—服务器混合架构发展。浏览器—服务器架构最大的优点是有利于与非本企业的人员沟通。

（曹相生）

信息时代的智能化小区

～～～～～～～～～～～～～～～～～～～

2001 年，国家建设部住宅产业办公室提出一个关于智能化小区的基本概念："住宅小区智能化是利用 4C（即计算机、通信与网络、自控和 IC 卡），通过有效的传输网络，将多元的信息服务与管理、物业管理与安防、住宅智能化集成，为住宅小区的服务与管理提供高技术的智能化手段，以期实现快捷高效的超值服务与管理，提供安全舒适的家居环境。"关于智能化小区的基本概念，随着新技术、新成果的产生和应用以及我国人民住宅状况的不断改善，智能化小区的内涵也会有相应地变化。

现代智能住宅变得越来越聪明，当居民驱车到家，只需刷一下智能卡，车库道闸便自动开启，可以轻松泊入指定车位，而且从自家的监视系统可以分辨出来；当人们酣然入梦，防煤气泄漏、防火感测器在随时警惕地

监视着可能发生的危险；以往比较烦琐的查电表、查水表和查煤气表也可免去，只需鼠标一点，就可轻松解决，等等。

总体来说，智能化应用系统包括四个子系统：公共安防、物业管理、家居智能、信息服务。每个子系统又包含很多分系统，最后在整个小区连成一体。其内容涉及居家办公自动抄表、电子巡更、车库管理、家电遥控、给排水、交配电、区域照明、电子公告、广播及背景音乐、家庭一卡通等方面。

智能化小区的第一个子系统是"公共安防"，即"公共安全防范系统"。随着改革开放的深入和市场经济的迅速发展提高。城市流动人口大量增加，带来许多不安定因素，基于目前我国的现状，以安全技术防范为主，辅以视频、通讯、网络系统将成为小区智能化的主流。小区的安全技术防范，是指利用现代科学技术，通过采用各种安全技术的器材和设备，达到居民小区防入侵、防盗、防破坏等目的，保护小区居民人身及生命财产安全的综合性多功能防范系统。一个完善的小区安全技术防范体系，包括电视监控系统、周界防范报警系统、住户报警系统、楼宇对讲系统、保安巡更系统和出入口控制系统（含门禁及停车场管理系统），建立小区报警中心。电视监控系统是在小区出入口、周界、公共通道等重要场所安装摄像机等前端设备，通过中心进行监视和录像，使管理人员能充分了解小区动态。周界防范报警系统设定在对封闭式小区围墙或栅栏处，安装探测器，发生非法翻越入侵时可立即将警情发送到报警主机。小区的周界防范常用主动红外对射系统。安全小区应安装以防盗自动报警、防劫紧急报警为主，兼有可选装的医疗求助、煤气泄漏报警等作用的多功能联网报警系统。住户报警系统由住宅报警控制单元、各种探测器、报警传输线路和报警中心接收设备组成。住户报警系统可采用专线报警、电话线报警和无线报警等多种形式。楼宇对讲系统是在小区各单元入口安装防盗门和对讲装置，通过访客与住户之间的对讲，由住户来控制防盗门的开关。保安巡更系统是在小区相应位置安装巡更点，规定巡更路线和时间，保安员携带巡更记录器按指定路线和时间到达巡更点并进行记录，由小区中心对保安员巡更情况进行监控和检查，小区建设应采用联网型巡更系统。由门禁系统和停车场管理系统构成的出入口控制系统，通过对小区及停车场出入口等部位实行统一的出入控制，在此基础上实现出入口级别控制、时间控制、分组管理等功能，并详细记录所有事件和管理信息，并自动生成报告，小区常用的是智能卡门禁管理系统。

　　智能化小区的第二个子系统是"物业管理"，物业综合管理系统主要包括：物业管理后台处理模块和信息发布模块。同时负责小区上网的信息计费系统和电子商务系统（如网上购物）的开发。物业管理后台管理软件主要跟物业管理公司日常工作密切相关，将物业管理信息化，留有跟三表三防系统的接口，可将设备信息及使用情况，消耗情况定时录入该系统，作为原始数据保留。信息发布模块主要建立在小区 INTRANET 网络架构之上，可以将社区公告，社区菜市价格等信息提供给住户，居民也可以通过该模块实现费用查询及网上报修等功能。同时物业综合管理系统可以根据客户的具体需求进行信息系统的开发系统的软硬件均具有较好的扩展性，可方便地进行系统的升级和换代，以满足日后不断增长的业务量的需求。

　　智能化小区的第三个子系统是"家居智能"，小区的家居智能主要是指通过 Internet 或电话网络实现对家电、居家安全控制设施等的控制，如：上班后防盗系统设防，电灯、自动煤气阀关闭；上班时可通过控制摄像装置将图像切换到电脑或电视机上查看家中孩子的情况；电话遥控设防，电话遥控开关电器，模拟有人在家状况；下班之前遥控打开空调、电饭煲；驾车回来刷卡后栅栏机自动开启，家用车库门自动打开或关闭；刷卡开门门禁系统自动撤防、自动开锁、自动开灯；晚上就寝之前自动关闭煤气阀门、关闭窗帘、关闭灯光、周边探测器设防等等。

　　智能化小区的第四个子系统是"信息服务"，小区的信息服务主要是指通过宽带网络所提供的业务，基于宽带的特点，提供窄带网络所不能提供的业务，一个是体现在传输的速度上，另一个是交互式的多媒体的业务，侧重在视频、音频和数据业务方面。小区宽带用户的业务需求可分为两大类，一类是基本业务需求，即用户在宽带网上所享用的最基本的业务；另一类是高级业务，或者说是增值业务，即这类业务并非是所有的宽带用户都需要的，根据自己的爱好和经济条件有所选择。以下是智能化小区用户必须得到的基本信息服务：高速 Internet 接入、电子邮件收发、经济型视频点播、音频广播、社区文化与服务、社区电子公告、社区图书馆、社区俱乐部、老年生活、儿童乐园、生活百科等等。在基本业务基础上，宽带用户需要得到更高一层的服务，有如下几方面：高质量的视频点播、高清电视、远程办公、远程教育、远程医疗、网上炒股、电子商务、网上游戏等等。

总之，住宅是人们居家生活的场所，智能化应服务于人们的居家生活，因此，应更全面、更富有人性化。一个真正意义的智能化小区必须具备以下素质：网络高速接入功能，即 Internet 网高速通道；居家办公符合在家办公的需求；居家娱乐包括 VOD 点播、视频会议、远程教学、交互式电子游戏等；居家安全监控，如火警、煤气泄漏、幼儿和老人求救、远程医疗与监护、开关门报警等；居家管理方面，如小区电子公告牌、远程三表传送收费；居家商务，如网上购物、网上商务联系等。可见，智能化小区并不是个单一的概念，而是一个非常全面的系统。

（王孝明）

信息世界的"三网"

～～～～～～～～～～～～～～～～～～～～～～～～

信息时代的"三网"就是指电话网（也可称电信网）、有线电视网、电脑网（也可称计算机网）。

从110多年前贝尔发明电话以来，至今已遍布全世界，成为人们必不可少的通信工具。从电话局出来到进入千家万户的那段电话线，通常称为"用户线"。它是由两根细细的铜线组成，外面用塑料皮包裹着，总是成对而行，所以又称"对线"。

大家知道，电话传递的是语言信号，电话"对线"传输的是模拟声音频率变化的电信号，即模拟的"音频电信号"。人声音的振荡频率在每秒 20 Hz 至 20 000 Hz 之间，音频电信号的变化频率也一样。音频电信号对传输线路要求极低，一对细铜线就足够了。

后来有了电视和电脑网络，对传输线路的要求就不一样了。

电视信号早先是通过无线电传播的。无线电频率比音频要高得多，主要的是电视信号的容量比电话音频信号的容量大得多。电话只传声音，电视既要传声音，又要传图像，而且是动态的彩色图像！

电脑的工作信号只有"0"与"1"两种变化状态的二进制数字脉冲电信号。它的形式虽然简单，但它的脉冲频率极高，每秒数以亿计，甚至更高。电脑网络传输的就是这种高频率数字电信号。

电视信号如果由无线电传播，会受到大气尘埃的干扰和高楼大厦的阻挡，造成信号质量下降，图像变形，影响收视效果。而且，它又无法借用电话用户线传输到家。为此，就有了"有线电视网"，电视信号通过有线电视传输线送给千家万户。

进入家庭的有线电视线，结构上与电话线是有明显差别的。它外表呈圆形，最中间是一根中心导线，又称"内导体"，外裹一圈绝缘层，绝缘层外面是一根网状或薄膜结构的圆形金属导管，又称"外导体"。最外面的是塑料护套层，起隔离和保护作用。因中心导线和圆形金属导管的中心轴线相同，所以称为"同轴电缆"。同轴电缆之所以有如此复杂结构，其目的是为了有较强的传输信号的能力。

电脑联网的传输线路，先是在现有的电话用户线上动脑筋，借助于电子技术的力量，增加电话用户线的功能。比较常见的有三种，即 Modem、ISDN、ADSL。

Modem 因英文读音的关系，又因与电脑常用工具"鼠标"对应，俗称为"猫"，学术名为"调制解调器"。这种上网方式比较简单，设备费用也不贵。装上 Modem，即可利用电话用户线传输电脑的数字信息。只是它有不少固有的缺点：一是它的传输速度比较慢，难以适应电脑高速运行的需要；二是使用接入电脑网络时，只能拥有一条信息传输的通道。如要上网，就无法打电话，如要打电话，就无法上网。

ISDN 是英文"Integrated Services Digital Network"的字头缩写，这四个英文单词的原意分别是"综合性的"、"服务"、"数字"、"网络"，中文全称为"综合业务数字网"。ISDN 不仅速度较快，最主要的是它能用一对电话用户线为使用者提供两条信息传输通道，即在打电话的

同时还可上网，改变了打电话与上网不能同时进行的尴尬状况。如果是用同轴电缆开通 ISDN，则一根同轴电缆能为使用者提供 30 条信息传输通道，信息传输畅通无阻，人们又把 ISDN 称为"一线通"。

ADSL 是英文"Asymmetrical Digital Subscriber Loop"的字头缩写，这四个英文单词的原意分别是"非对称"、"数字"、"用户"、"回线"，连起来的中文含义是"非对称数字用户线"。这项技术的特点是能提供永久在线的连接，能在同一对普通铜质对线上传输模拟语音信号和高频数字信号，它尤以"非对称"的特点最为突出。ADSL 在传输上行的低速数据或控制信息时，速率为 640 kbps；而传输下行的高频数据时，速率可达 8 Mbps，十分适宜于信息传输上行、下行不对称的实际需要。

根据上面的介绍可知，至今，电信网与有线电视网是各自独立的两套网。计算机网则既可借用电信网，也可借用有线电视网。现在进入家庭的这两根线，是不是可以合而为一呢？当然可以。只要传输线路质量好，信息传输的频带足够宽，速度足够快，同一根线就可以既通电话，又看电视，还可电脑上网，"三网"合一，势在必行。国务院批准上海有线网作为全国融电视网、电脑网、电话网为一体的三网合一的试点，标志着上海在城市信息化方面走在了全国前列。从 1999 年开始，上海就在全国率先进行了有线电视网的宽带网改造，并入列市政府重大工程。三网合一后，上海的有线宽带网不仅可以传送数字电视节目，而且还可以让用户电脑上网，驶入信息高速公路，又可以打网上电话，既便捷，又便宜。

（施善昌）

通信终端的发展

目前运行的三大网络，电话网包括固定电话和移动电话网，主要用于语音通信；有线电视网，主要用于视频图像传送；计算机网络主要用于数据通信。随着三大网络的逐步融合，通信类终端与消费类终端的融合成为发展趋势，终端设备朝着多媒体方向发展，将出现各种各样、丰富多彩的多媒体信息化终端。

鱼生活在水中　人生活在电磁波中

人类进入了信息时代。信息时代是文明的时代，科技发展的时代，物质丰富的时代，也是人们追求健康的时代。电磁波与人类的关系问题就被突现了出来。

讨论电磁波与人类健康的关系问题，应该从"质"与"量"两个方面展开。

先说"质"的问题。由物理常识可知，电场随时间变化时会产生磁场，磁场随时间变化时又会产生电场，两者互为因果，形成电磁场。在空间传播的交变电磁场就是电磁波。现代生活离不开电，我们的日常用于照明、动力的 220 V 市电是一种交流电。有交流电就会产生电磁波，所以说电磁波是到处存在的。再说电视、电脑、不仅电源用的是 220 V 市电，且因其工作原理所决定，机内设备、原部件也会产生电磁波。还有呼机、手

机，它们的信号是用电磁波传播的。现在任何时候、任
何地方都会响起呼机、手机的振铃声，虽然响的不一定
是你的机子，而是你身旁某个人的机子，这不正好说明
了你的周围都充满这电磁波吗？移动通信的区域遍布全
国、全世界，这表明传输手机信息的电磁波也遍布于全
国、全世界。还有，光也是电磁波，是一种波长很短的
电磁波。光通信是现代通信技术中的主要传输方式，光
之所以能传输信息，因为它就是一种电磁波。没有光，
世界就是一片漆黑。可以说，光明世界，就是电磁波的
世界。远古时代，虽然没有电器设备，没有无线电通信，
但光总是有的，自然界的雷鸣电闪总是有的。可以说没
有人能生活在没有电磁波的世界里。既然人类自古至今
就是生活在无时无处不在的电磁波中，犹如鱼生活在水
中，人生活在电磁波中，怎么能不加分析地说电磁波有
害健康呢？

再说"量"的问题。"适度有益,过度有害",这是哲理,也适用于我们对电磁波的科普认识。

无节制的,过量的电磁波直接照射到人身上是有损健康的。人长时间在日光下曝晒易引发皮肤癌,微波炉利用电磁波的能量加热食品,还可煮熟,可见电磁波的能量之大。再是电磁波具有很强的穿透力,用微波炉烤煮食品,微波渗透到食品的内部,使食品从内到外同时加热,煮熟。如让微波大量泄漏,人又在近处,就会造成对人体的伤害。不仅是皮肤表面的损伤,且会殃及人的内脏器官,后果严重,必须谨慎对待。但受控的、适量的电磁波不仅无害,还给人们带来了太多太多的好处。首先是光,万物生长靠阳光,没有阳光,就没有现实世界。再说电,现今的电灯、电话、电视、电脑、呼机、手机、家用洗衣机、工业电动机,一切一切的电器设备,都与电磁波密不可分,而随处可见、随手可用的电器设备是构成现代化生活的物质基础,它们使我们的生活丰富多彩,舒适快乐。没有电磁波,也就没有了现代化的各种通信设备、娱乐设施,家用电器。现代人是一刻也离不开电,也可以说是一刻也离不开电磁波的了。

我们如何界定电磁波的度量呢?电磁波的强度可以用单位面积内的辐射功率大小来表示,也可称为辐射功率密度,以每平方厘米内的毫瓦值计算。为了确保电磁波辐射强度不致过度,世界卫生组织和各个国家都制定了限值标准。世界卫生组织制定的电磁波辐射强度的限值标准是:0.1~1 毫瓦/平方厘米。美国是 0.1~10 毫瓦/

平方厘米，低于世界卫生组织的标准。早在 1989 年，我国公布了电磁辐射的防护标准规定：一级安全区内不得超过 0.01 毫瓦 / 平方厘米；二级过度区域不得超过 0.04 毫瓦 / 平方厘米。世界卫生组织宣称：只要在标准规定之内，就是安全的，就不会对人体造成危害。即在标准之内的电磁波强度的环境中长期居住、工作、生活的一切人群，均不会受到任何有害影响。我国的标准比世界卫生组织的标准严格得多，也就更为安全。大家可以放心、尽情地享受科技给我们带来的美好生活。

（施善昌）